MANUEL

DU

JEUNE MUSICIEN,

OU

ÉLÉMENS

THÉORIQUES-PRATIQUES

DE MUSIQUE,

Par P. Marcou.

NOUVELLE ÉDITION

Prix 1 f. 40 c. franc de port.

An XII — (1804)

MANUEL

DU

JEUNE MUSICIEN.

MANUEL

DU JEUNE MUSICIEN;

OU

ÉLÉMENS

THEORIQUES-PRATIQUES

DE MUSIQUE.

Par P. MARCOU, ancien Ordinaire de la Musique du roi Louis XVI.

NOUVELLE ÉDITION,

Augmentée d'un Précis Historique sur la Musique en général, et suivie du Discours sur l'Harmonie par Gresset.

A PARIS,

CHEZ DUPONCET, LIBRAIRE, QUAI DE LA GRÈVE, N°. 34.

AN XII — 1804.

PRÉCIS HISTORIQUE

SUR

LA MUSIQUE EN GÉNÉRAL.

La Musique est la science des Sons. L'opinion la plus commune est que la Musique est aussi ancienne que le monde. Le charme, qu'elle répand sur tous ceux qui l'entendent, a dû être senti des premiers habitans de la terre. Elle ne fut d'abord assujettie à aucuns principes, et ne devint un art que par succession de temps chez les peuples, où la civilisation s'accrut par les relations avec d'autres peuples éclairés. Chaque langue, chaque idiôme a son Harmonie,

a

et tous les habitans de la terre ont dans leur langage des inflexions pour exprimer les différentes sensations. Les grands mouvemens de l'ame ont été d'abord exprimés par des Sons qui, peu-à-peu perfectionnés et assujettis à des règles certaines, ont acquis un assez haut degré d'énergie ou de délicatesse, pour devenir l'accent des passions, et mériter le nom de science ; et c'est ce qu'on appelle la Musique vocale. La musique instrumentale suivit de près la musique vocale : le premier emploi de l'une et de l'autre fut de chanter la Divinité, de célébrer les grands traits d'héroisme et généralement les hauts faits des grands hommes : elle devint ensuite en usage dans les Fêtes publiques et particulières, dans les combats, dans les festins, etc. et dans toutes les fonctions de la vie.

Tant que la simplicité des mœurs et des usages d'un peuple, encore dans l'innocence, ne fut pas altérée par la fréquentation de voisins plus policés, un frêle chalumeau, ou quelqu'autre instrument simple, lui a suffi pour exprimer grossièrement les sentimens de la joie et du plaisir. Ces Sons, quelque monotones qu'ils fussent, suffisoient pour inviter à chanter et à danser.

En vain chercheroit-t-on l'homme, le peuple même qui eût le premier le mérite de l'invention : la faculté de chanter paroît innée chez tous les hommes. Le monde primitif ne dut pas être moins capable d'apprécier les sensations agréables, que ne l'est le monde actuel. L'homme doit toujours s'être montré ce qu'il est ; et, quoique l'Histoire ne puisse percer l'obscurité des temps, l'homme, on peut le dire avec assurance, supérieur aux autres êtres, reçut des mains du Créateur le germe de la Musique, comme il reçut celui de la morale, de la physique, des sciences et des arts, et avec une telle force, qu'il lui fut impossible de s'y refuser, et de ne pas faire, dès les premiers instans, les pas les plus rapides vers la perfection.

Le plus ancien historien, connu des Européens depuis le déluge, Moyse nous donne bien (suivant sa chronologie) le nom du premier inventeur de la Musique vocale : il dit que *Mahalaléel* célébra par ses chants l'Etre Suprême, vers le quatrième siècle, et il cite ensuite *Jubal*, comme inventeur de la Musique instrumentale, dans le septième siècle ; mais ce n'est pas à dire pour cela qu'ils n'aient pas eu des prédécesseurs.

La Musique ancienne, c'est-à-dire, celle des Grecs et des Latins, ne devint plus méthodique que vers le onzième siècle , temps auquel *Guy Aretin* inventa la Musique à plusieurs parties.

Depuis Moyse la Musique s'est tour-à-tour perfectionnée et dégradée , suivant que les peuples ont été dans la splendeur ou dans l'esclavage : elle a subi le sort des nations comme beaucoup de sciences et d'arts ; mais , au milieu des révolutions, elle n'a jamais été entièrement perdue , et elle se per-

fectionnoit chez un peuple vainqueur, tandis qu'elle retomboit dans
l'état d'enfance , même d'oubli ,
chez le vaincu. Pendant la durée
des siècles , cet Art précieux ne put
jamais s'élever à cette sublimité où
l'a vu le dix-huitième siècle. C'est
alors qu'il s'est distingué par la
rapidité de ses progrès , et qu'il
est parvenu , sans rétrograder , à
un degré de perfection ignoré des
peuples de l'antiquité.

AVERTISSEMENT.

AVERTISSEMENT.

Les différentes Méthodes de Musique qui ont paru jusqu'à ce jour, auro ent pu me dispenser d'en faire une; mais je me suis fait un devoir de répondre à l'envie, ue plusieurs de mes Élèves m'ont marquée, d'avoir par écrit des observations que l'on se contente de faire à la leçon, & que l'Ecolier oublie presqu'aussitôt : c'est donc pour suppléer au manque de mémoire, que j'ai jugé à propos de joindre aux principes connus ; 1°, le détail des Dièzes & des Bémols qui sont nécessaires dans les différentes Gammes, tant majeures que mineures. 2°. La maniere de connoître la Gamme dans laquelle on chante. 3°. Le moyen de favoir combien ces mêmes Gammes exigent de Dièzes ou de Bémols à la clef. 4°. La fignification des deux chiffres dans les mefures compofées.

Si quelques autres remarques, jointes à ces obfervations, mettent les Élèves à portée de pouvoir étudier feuls en l'abfence du Maître, j'aurai rempli le but que je m'étois propofé : c'eft dans ce deffein que j'ai rendu ce petit Ouvrage portatif, afin qu'il foit plus aifé d'y recourir au befoin.

ELÉMENS

THÉORIQUES-PRATIQUES

DE MUSIQUE.

IL y a dans la Musique sept notes ;
qui se nomment *ut, re, mi, fa, sol, la,
si*, pour former ce qu'on appelle la
Gamme, on répete l'*ut* qui fait octave
avec celui d'en bas : cette octave étant
la replique du premier son, s'appelle
aussi unisson : ces notes se posent sur
cinq lignes & dans les intervalles qui
les séparent ; parmi ces cinq lignes, on
ne comprend pas celles qu'on ajoute
selon le besoin, au dessus ou au dessous.
Les notes se connoissent par le moyen

de trois clefs, qui font la clef d'*ut*, la clef de *fol*, & la clef de *fa*. La clef d'*ut* fe fait ainfi & fe pofe fur la premiere, feconde, troifieme & quatrieme lignes en montant: dans la figure qui repré-fente cette clef, on remarque deux petits quarrés ; c'eft fur la ligne qui les traverfe que la clef eft pofée, la note qui eft fur cette même ligne prend le nom d'*ut*.

E X E M P L E.

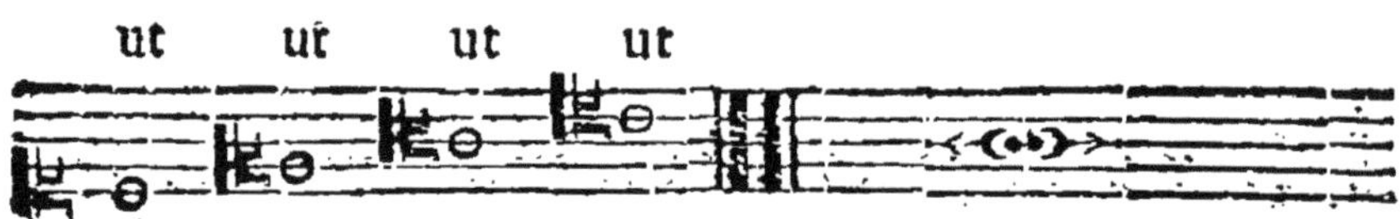

La clef de *fol*, ainfi figurée, fe pofe fur la premiere & feconde ligne en montant ; la figure qui repréfente cette clef, fe termine en bas par une efpece de rond. La ligne fur laquelle la clef eft pofée, eft celle qui paffe au milieu de ce rond ; la note qui fe trouve fur cette ligne prend le nom de *fol*.

EXEMPLE.

La clef de *fa*, faite en forme de **C** renverfé, accompagné de deux petits points ꓷꓵ, fe pofe fur la troifieme & quatrieme ligne en montant : c'eft fur la ligne qui traverfe les deux points, que la clef eft pofée ; la note placée fur cette même ligne, prend le nom de *fa*.

EXEMPLE.

La Gamme *ut*, *re*, *mi*, *fa*, *fol*, *la*, *fi*, *ut*, eft compofée de fept intervalles ; les uns fous la dénomination de ton, les autres fous la dénomination de demi-ton. Les fept intervalles font autant de dégrés que la voix parcourt en s'é-levant de l'*ut* d'en bas à l'*ut* d'en haut, lorſquelle entonne ſucceſſivement les ſons *ut*, *ré*, *mi*, *fa*, *ſol*, *la*, *ſi*, *ut*, il y a de l'*ut* au *ré*, un ton; du *ré* au *mi*, un ton; du *mi* au *fa*, un demi-ton; du *fa* au *ſol*, un ton; du *ſol*, au *la*, un ton; du *la* au *ſi*, un ton; du *ſi* à l'*ut*, un demi-ton.

EXEMPLE.

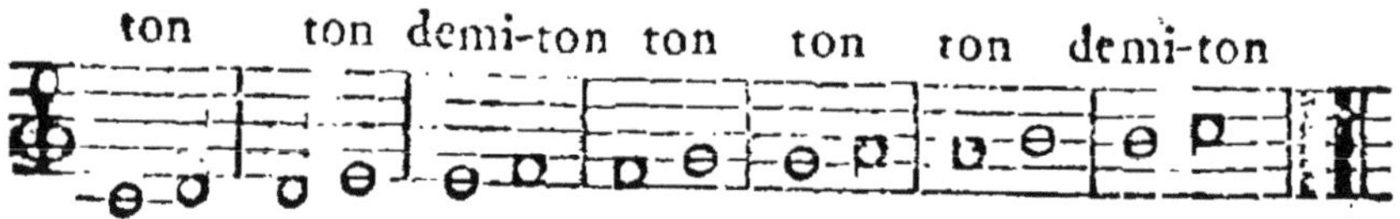

La Gamme d'*ut* eſt donc compoſée de cinq tons & de deux demi-tons.

On diſtingue deux ſortes de degrés; le degré conjoint & le degré disjoint : le degré conjoint ſe rencontre entre deux notes qui ſe ſuivent immédiatement, comme d'*ut* à *ré*, & le degré disjoint, entre deux notes qui ne ſe ſuivent pas immédiatement, comme d'*ut* à *mi*, d'*ut* à *fa*, &c. Les uns & les autres peuvent ſe reduire à ſept, qu'on nomme Seconde, Tierce, Quarte, Quinte, Sixte, Septieme, & Octave.

Ces intervalles se distinguent en intervalles justes, majeurs, mineurs, superflus & diminués. On ne parlera ici que de ceux qui sont utiles à un commençant, & qui sont renfermés dans la Gamme d'*ut*, telle qu'elle est ci-dessus.

La Seconde majeure est composée d'un ton, comme d'*ut* à *ré*; la Seconde mineure d'un demi-ton, comme de *mi* à *fa*.

La Tierce majeure est composée de deux tons, comme d'*ut* à *mi*; la Tierce mineure d'un ton & d'un demi-ton, comme de *ré* à *fa*.

La Quarte (sous la dénomination de Quarte juste) est composée de deux tons & d'un demi-ton, comme d'*ut* à *fa*; il y a encore une autre espece de Quarte, qu'on nomme Superflue ou Triton; celle-ci est composée de trois tons, comme de *fa* à *si*.

La Quinte (sous la dénomination de Quinte juste) est composée de trois tons & d'un demi-ton, comme d'*ut* à *sol*: celle qui se trouve de *si* à *fa*, est une Quinte diminuée appellée communément fausse Quinte; elle est composée de deux tons & de deux demi-tons.

La Sixte majeure est composée de quatre tons & d'un demi-ton, comme d'*ut* à *la*; la Sixte mineure de trois tons & de deux demi-tons, comme de *mi* à *ut* en montant.

La Septieme majeure est composée de cinq tons & d'un demi-ton, comme d'*ut* à *si*; la Septieme mineure de quatre tons & de deux demi-tons, comme de *ré* à *ut*.

L'Octave composée de cinq tons & de deux demi-tons, remplit toute l'étendue de la Gamme, depuis l'*ut* d'en bas jusqu'à celui d'en haut; cet intervalle, ainsi que la Quarte & la Quinte, s'appelle juste, & ces trois intervalles sont toujours censés tels, à moins que l'on n'y ajoute quelque dénomination particuliere.

EXEMPLE.

On peut former autant de Gammes qu'il y a de notes dans la Muſique : la Gamme d'*ut* ſe nomme ainſi, parce qu'elle commence & finit par *ut* ; on voit par-là, qu'en commençant par une autre note, on formera une autre Gamme, & celle-ci prendra le nom de la note par laquelle elle commencera.

On diſtingue les Gammes en majeures & en mineures. Lorſque l'intervalle de la premiere note à la troisieme est de deux tons , la Gamme est majeure ; quand cet intervalle n'est que d'un ton & d'un demi-ton , la Gamme est mineure.

E X E M P L E.

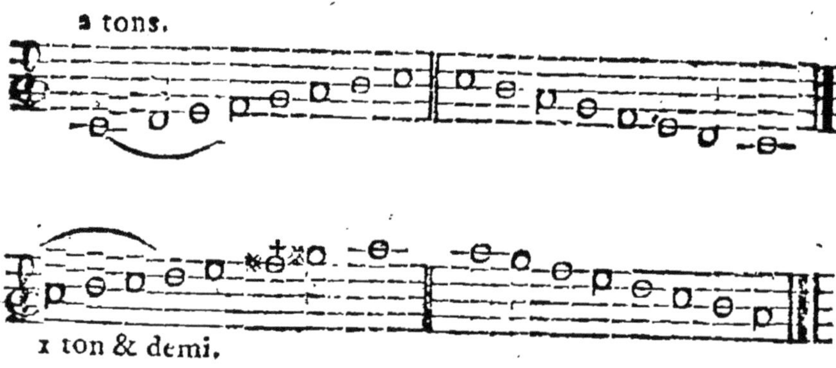

Cette sixieme note + de la Gamme mineure se dièze très-souvent , quand on passe à la septieme ; mais ce dièze accidentel n'entre point essentiellement dans la composition de cette Gamme.

Ces deux exemples servent de modele pour toutes les autres Gammes , tant majeures que mineures ; la Gamme d'ut est le modele des Gammes majeures :

la Gamme de *la* eſt celui des Gammes mineures ; l'ordre des tons & des demi-tons de ces deux Gammes, doit donc être ſuivi dans toutes les autres Gammes ; pour que l'ordre des tons & des demi-tons dans celles-ci ſoit le même que dans les Gammes d'*ut* & de *la*, on ſe ſert de deux ſignes, dont l'un ſe nomme *Dièze* & l'autre *Bémol*.

Le Dièze ſe fait ainſi *, il ſert à hauſſer d'un demi-ton la note devant laquelle il eſt poſé. Il y a des Gammes qui pour devenir conformes à celle d'*ut* ou à celle de *la*, exigent un dièze, d'autres deux ; il s'en trouve qui en exigent juſqu'à ſept.

EXEMPLE.

Gamme naturelle d'*ut*.

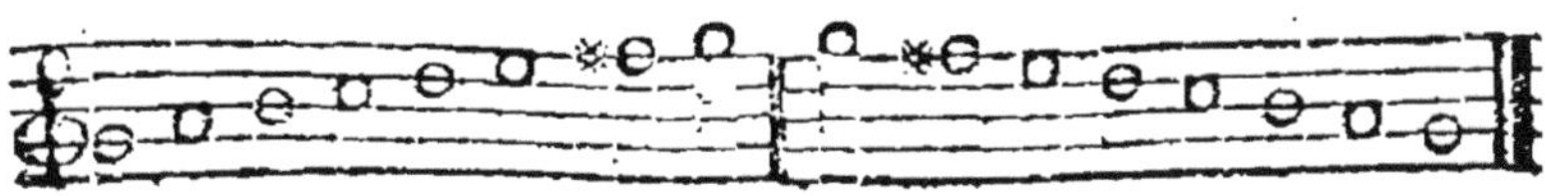

Exemple des Gammes majeures par Dièze, comparées à la Gamme majeure d'*ut*.

Gamme mineure de *la*.

Exemple des Gammes mineures par Dièze, comparés à la Gamme mineure de *la*.

Les Dièzes se posent à la clef de Quinte en Quinte (*a*), en montant; le premier se pose sur *fa*, le second sur *ut*, le troisieme sur *sol*, le quatrieme sur *ré*, le cinquieme sur *la*, le sixieme sur *mi*, & le septieme sur *si*.

Le premier Dièze se pose sur *fa*, parce que les Dièzes doivent être posés

____

(*a*) Il faut observer que monter de quinte ou descendre de quarte, c'est même chose.

par intervalles de Quinte juste, & que
de quelque note que l'on parte en montant, le premier intervalle de Quinte,
que l'on trouve altéré, c'est-à-dire qui
n'est pas juste, est celui de *si* à *fa*; en
effet, cet intervalle est de deux tons
& de deux demi-tons, & la Quinte,
pour être juste, doit être de trois tons
& d'un demi-ton : le même principe
sert à dièzer toutes les autres notes,
chacune dans l'ordre qu'on vient de leur
assigner.

EXEMPLE.

Le Bémol se fait ainsi ♭ : il sert à
baisser d'un demi-ton la note devant laquelle il est posé. On rend avec ce
signe, comme avec le Dièze, toutes
les Gammes semblables à celles d'*ut* &
de *la*, qui servent de modèle aux autres : il y a des Gammes qui, pour cet
effet, exigent un Bémol, d'autres deux;
il en est qui en exigent jusqu'à sept.

EXEMPLE.

Gamme mineure de *la*.

Exemple des Gammes mineures par Bémols, comparées à la Gamme mineure de *la*.

Gamme majeure d'*ut*.

Exemple des Gammes majeures par Bémols, comparées à la Gamme d'*ut*.

Les Bémols se posent à la clef de quarte en quarte (a) en montant ; le premier se pose sur *si*, le second sur *mi*, le troisieme sur *la*, le quatrieme sur *ré*, le cinquieme sur *sol*, le sixieme sur *ut*, & le septieme sur *fa*.

Le premier Bémol se pose sur *si*, parce que les Bémols doivent être posés par intervalle de quarte juste, & que de quelque note que l'on parte en montant, le premier intervalle de quarte, que l'on trouve altéré est celui de *fa* à *si* ; en effet cet intervalle est de trois tons, & la quarte, pour être juste, doit être seulement de deux tons & un demi-ton : le même principe sert à bémoliser les autres notes dans l'ordre qui vient de leur être assigné.

E X E M P L E.

On rencontre un troisieme signe que l'on nomme *Béquarre* & qui se fait

---

(a) Il faut observer que monter de quarte ou descendre de quinte, c'est même chose.

ainſi : ♮ il ſert à remettre la note dans ſon ton naturel, lorſqu'un Dièze ou un Bémol l'en a fait ſortir.

E X E M P L E.

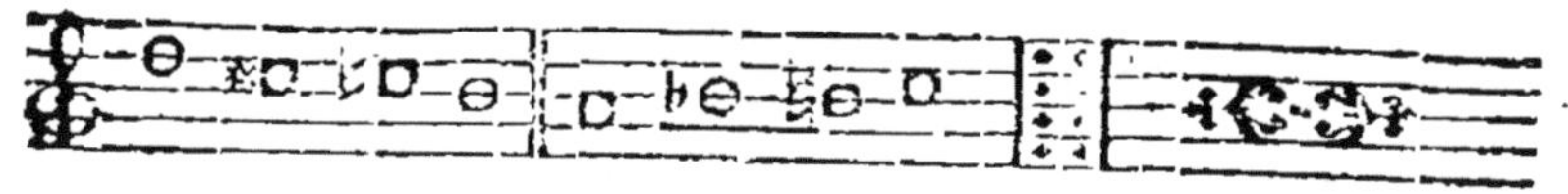

Le Dièze & le Bémol étant des moyens d'élever ou de baiſſer à volonté une note quelconque, il eſt aiſé de concevoir que l'intervalle d'un ton, d'*ut* à *ré*, pris pour exemple, ſera toujours d'un ton ſi chacune de ces notes eſt élevée d'un Dièze ou baiſſée d'un Bémol ; ainſi de même qu'il y a d'*ut* à *ré* intervalle d'un ton, il y aura même intervalle d'*ut* ﹡ à *ré* ﹡ ; même intervalle d'*ut* : à *ré* : d'où l'on peut conclure que, ſi dans la Gamme d'*ut*, on met ſept Dièzes à la clef, l'ordre des tons & des demi-tons ſera le même qu'auparavant, avec la différence néanmoins, que les notes ſe trouveront toutes hauſſées d'un demi-ton.

Il en ſera de même de la Gamme de *la*, ſi on met ſept Bémols à la clef, l'ordre des tons & des demi-tons n'en fera point changé ; toutes les notes fe trouveront feulement baiffées d'un demi-ton ; auffi n'emploie-t-on gueres les fept Dièzes ou les fept Bémols , que dans les leçons élémentaires , & cela , pour montrer aux Eleves que ces deux fignes peuvent fe pofer fur fept notes comme fur cinq ; dans la Mufique ordinaire , il eft rare de trouver plus de cinq Dièzes , ou de cinq Bémols à la clef.

Comme on en rencontre quelquefois fix dans des leçons élémentaires , & que la plupart des Eleves trouvent que le chant en devient trop difficile , on peut fe fervir d'un moyen qui , fans déranger l'ordre des intervalles , diminue beaucoup la difficulté ; c'eft lorfque dans une Gamme il fe trouve plus de notes Dièzes que de notes naturelles, c'eft, dis-je, de regarder celles qui font Dièzes comme naturelles, & celles qui font naturelles comme Bémols ; par exemple : fi on trouve *fa* , *ut* , *fol* , *ré* , *la* , *mi* , Dièzes à la clef, il faut regarder ces fix notes

Dièzes comme naturelles, & lé *si* qui
est naturel comme Bémol.

E X E M P L E.

Lorsqu'au contraire on trouve plus
de notes Bémols que de notes naturelles, il faut regarder celles qui sont
Bémols comme naturelles, & celles
qui sont naturelles comme Dièzes ; par
exemple : si on trouve *si*, *mi*, *la*, *ré*,
sol, *ut*, Bémols à la clef, il faut ré-
garder ces six notes comme naturelles,
& le *fa* qui est naturel comme Dièze,
alors au lieu de six accidens il n'y en
aura qu'un.

E X E M P L E.

Il est un autre moyen plus facile en
apparence, & qui semble applanir en-

core d'avantage les difficultés ; c'eſt ce qu'on appelle chanter par tranſpo- ſition : lorſqu'à la clef il y a un ou plu- ſieurs Dièzes, on donne au dernier le nom de *ſi* ; enſuite on décompte de cette note , ſoit en montant, ſoit en deſcendant, & la premiere note qu'on rencontre portant le nom d'une clef, donne ſon nom à une clef imaginaire que l'on ſuppoſe en place de celle qui eſt accompagnée de Dièzes ; au moyen de cette eſpece de tranſpoſition , ſi l'air eſt majeur, il doit néceſſairement ſe trouver en *ut*, s'il eſt mineur il ſe trouve en *la*.

E X E M P L E.

Si au contraire il y a un ou pluſieurs Bémols à la clef, on donne au dernier le nom de *fa*; on décompte enſuite de cette note ſoit en montant, ſoit en deſcendant, & la premiere note que l'on rencontre portant le nom d'une clef, donne ſon

nom à une nouvelle clef, que l'on sup-
pose en place de celle qui est accompagnée de Bémols ; au moyen de cette
transposition, si l'air est mineur, il doit
nécessairement se trouver en *la*, s'il est
majeur il se trouve en *ut*.

EXEMPLE.

'Ce moyen paroît d'abord préférable,
en ce que ce changement de clef fait
toujours chanter au naturel, & on ne
prétend pas absolument le condamner ;
mais il est bon d'observer que la transposition ne supprime que les Dièzes
qui font à la clef, & non ceux qui se
rencontrent dans le courant du chant ;
or si l'on ne peut se dispenser de faire
ceux-ci, pourquoi ne parviendroit-on
pas à faire les autres ? D'ailleurs pour
faire usage de cette méthode, il fau-
droit déja avoir acquis l'habitude de
chanter au naturel sur toutes les clefs,

puisqu'en

puiʃqu'en tranʃpoʃant, on eʃt ʃans ceʃʃe obligé de nommer une autre note que celle qu'on a ʃous les yeux ; ce qui préʃente à chaque inʃtant une nouvelle difficulté, & cauʃe pour le moins autant d'embarras que les Dièzes que l'on veut éviter.

La méthode de la tranʃpoʃition n'eʃt pas moins contraire à un principe, dont l'obʃervation ne peut que hâter les progrès dans la Muʃique : c'eʃt de s'attacher d'abord à une clef & de ne point la quitter, qu'on ne ʃoit devenu Muʃicien ; pour lors, n'étant plus embarraʃʃé de la valeur des notes, ni de l'intonation, il eʃt aiʃé d'apprendre à lire ʃur les autres clefs, on peut même y parvenir aiʃément ʃans le ʃecours du Maître ; or, la méthode de la tranʃpoʃition éloigne néceʃʃairement de ce principe, puiʃqu'elle oblige de paʃʃer à chaque inʃtant d'une clef à l'autre ʃelon le nombre des Dièzes ou des Bémols qu'on veut ʃupprimer. Au reʃte, l'expérience confirme tous les jours que cette méthode, loin de hâter les progrès des Eleves, ne fert qu'à les retarder & à former des Muſiciens imparfaits.

Il y a dans la Muſique ſix figures de notes pour la durée des ſons, que l'on nomme *ronde, blanche, noire, croche, double-croche, triple-croche.*

E X E M P L E.

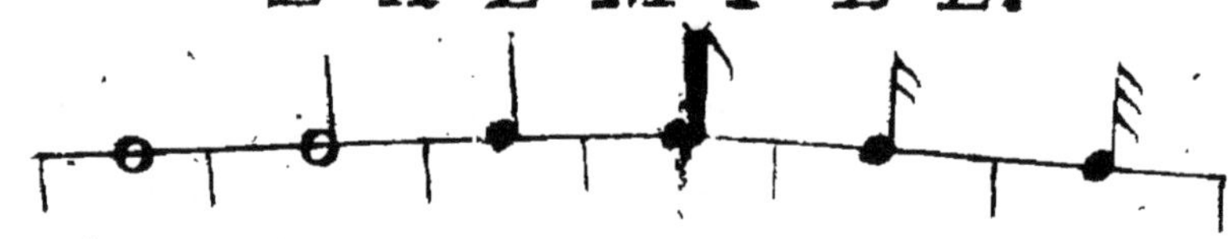

Il y a de même ſix figures de pauſes pour la durée des ſilences que l'on nomme pauſe, demi-pauſe, ſoupir, demi-ſoupir, quart de ſoupir, demi-quart de ſoupir.

E X E M P L E.

Chaque figure de pauſe a autant de valeur que la note qu'elle repréſente: la pauſe vaut une ronde; la demi-pauſe, une blanche; le ſoupir, vaut une noire; le demi-ſoupir, une croche; le quart de foupir vaut une double croche & le demi-quart de foupir, une triple-croche.

Indépendamment de ces six figures de paufes il y a le bâton de quatre mefures renfermé perpendiculairement, dans trois lignes, & le bâton de deux mefures, renfermé dans deux.

EXEMPLE.

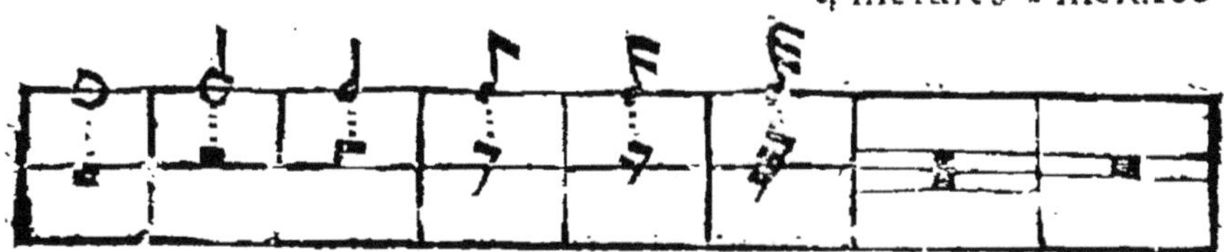

La ronde fe divife en trente-deux parties, la blanche eft la moitié de la ronde, la noire en eft la quatrieme partie, la croche la huitieme, la double-croche la feizieme, & la triple-croche la trente-deuxieme; on doit concevoir par-là, que la ronde vaut deux blanches, quatre noires, huit croches, feize double-croches, ou trente-deux triple-croches.

La blanche, vaut deux noires, quatre croches, huit doubles, ou feize triple-croches.

La noire, vaut deux croches, quatre doubles, ou huit triples-croches.

B 2

La croche, vaut deux doubles-croches, ou quatre triples.

La double croche, vaut deux triples-croches.

On se sert quelquefois de quadruples-croches, mais rarement.

EXEMPLE.

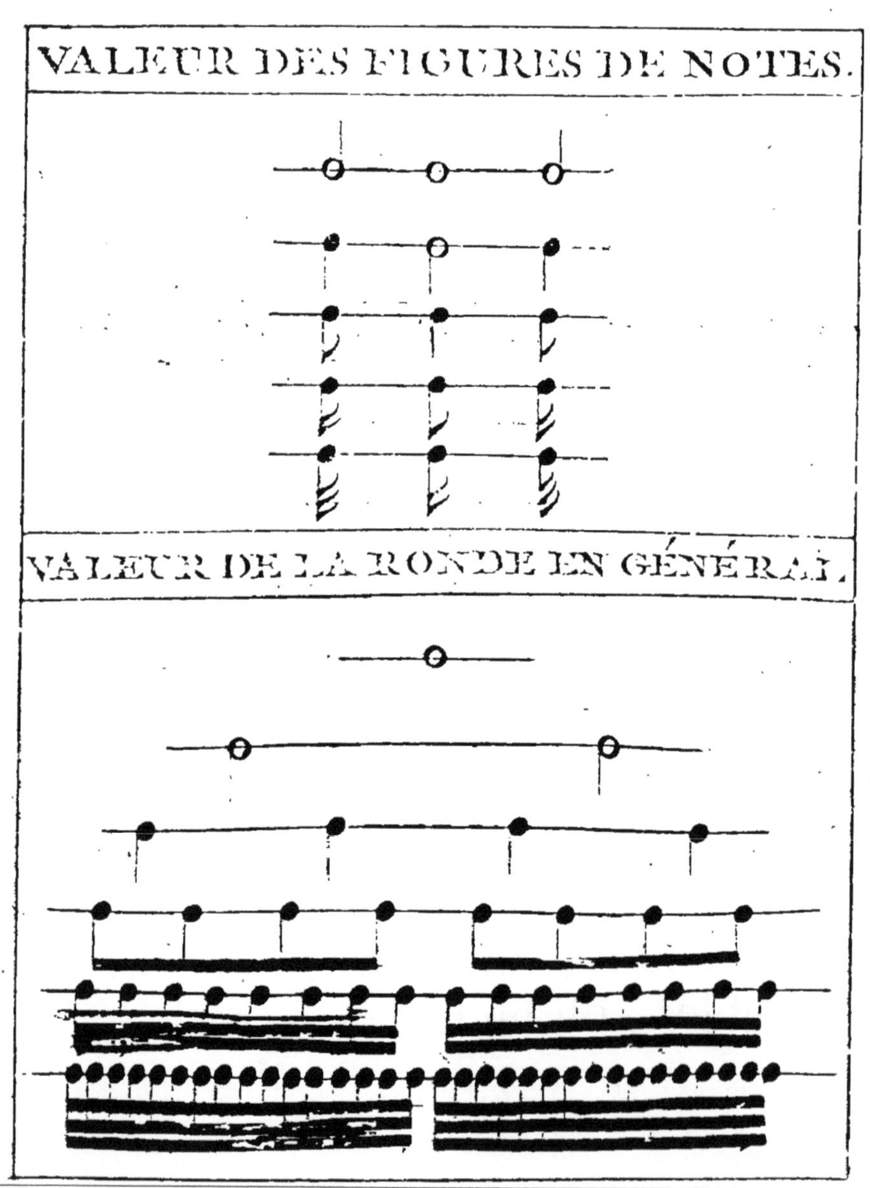

EXEMPLE.

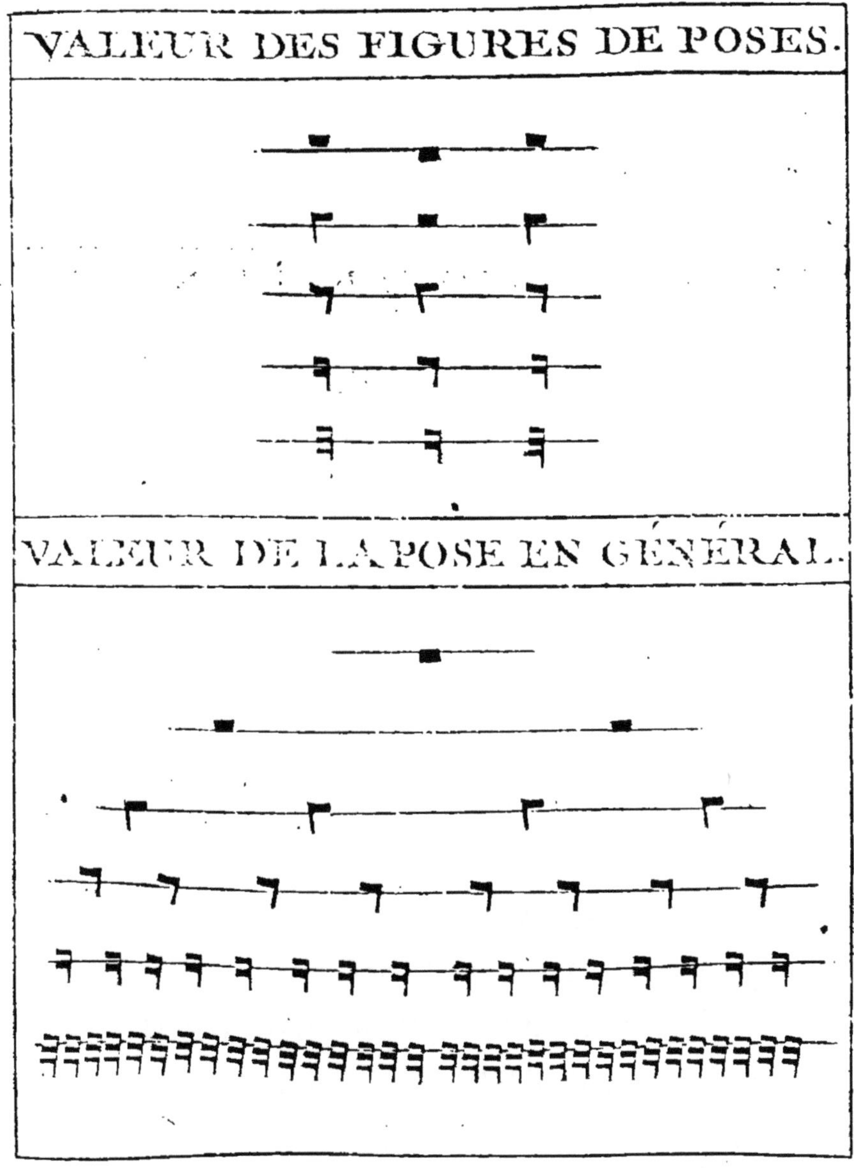

On se sert du point · qui vaut toujours la moitié de la note qui le précede ; s'il est après une ronde , il vaut
une blanche ; après une blanche , il
vaut une noire ; ainsi de suite jusqu'à la
double-croche , après laquelle il vaut
une triple·croche.

EXEMPLE.

Les notes qui sont au dessus des points
en marquent la valeur.

Il y a dans la Musique trois mesures
primitives, qui sont la mesure à deux,
à trois & à quatre temps.

La mesure à deux temps se marque
par un deux 2 ou par un Œ barré ; la
mesure à deux temps ainsi figurée Œ ,
indique un mouvement grave , & le 2
un mouvement léger.

La ronde dans cette mesure vaut

deux temps, c'est-à-dire, que sur la ronde, on garde la durée du son, le temps du frappé & du levé ; il faut une blanche pour un temps, & deux pour la mesure ; deux noires pour un temps, quatre pour la mesure ; quatre croches pour un temps, huit pour la mesure ; huit doubles-croches pour un temps, seize pour la mesure ; seize triples-croches pour un temps, & trente-deux pour la mesure.

Il en est des figures de pauses comme des figures de notes pour les valeurs, c'est-à-dire, que chaque figure de pause vaut autant que la note qu'elle représente, comme on la déja dit : la pause dans cette mesure vaut deux temps, ainsi que la ronde, puisqu'elle la représente ; la demi-pause vaut un temps, ainsi du reste.

La mesure à trois temps se marque ainsi 3 ; on frappe pour le premier temps, on tourne la main à droite pour le second, on leve pour le trosieme.

B 4

On ne ſe ſert pas de la ronde dans cette meſure ; une blanche pointée vaut la meſure entiere ; il faut une noire pour un temps, & trois pour la meſure ; deux croches pour un temps, ſix pour la meſure ; quatre doubles-croches pour un temps, douze pour la meſure ; huit triples-croches pour un temps, & vingt-quatre pour la meſure.

Dans cette meſure, il en eſt des pauſes comme des notes pour les valeurs, excepté qu'on ſe ſert de la pauſe, quoiqu'on ne ſe ſerve pas de la ronde ; en général la pauſe vaut toujours la meſure entiere dans toutes les meſures.

La meſure à quatre temps ſe marque ainſi C, on frappe pour le premier temps, on tourne la main à gauche pour le ſecond, à droite pour le troiſieme, & on leve pour le quatrieme.

La ronde dans cette meſure vaut quatre temps, il faut une blanche pour deux tems, & deux pour la meſure ; une noire pour un temps, & quatre pour la meſure ; deux croches pour un temps, & huit pour la mesure ; quatre doubles-croches pour un temps, & seize pour la mesure, huit triples-croches pour un temps, & trente-deux pour la mesure.

La pause dans cette mesure vaut quatre temps, la demi-pause en vaut deux, ainsi du reste.

Il n'y a que ces trois manieres de battre la mesure ; les mesures, qu'on appelle dérivées ou composées, se battent de même, & ne different de ces trois premieres, que par la valeur des notes. Les mesures derivées de la mesure à deux temps, sont les mesures deux quatre $\frac{2}{4}$, six quatre $\frac{6}{4}$ & six huit $\frac{6}{8}$.

Celles qui sont dérivées de la mesure à trois temps, sont les mesures trois deux $\frac{3}{2}$, trois huit $\frac{3}{8}$, neuf quatre, $\frac{9}{4}$ & neuf huit $\frac{9}{8}$; on rencontre aussi la mesure $\frac{3}{4}$, mais elle ne differe pas de la mesure à trois temps simple.

Les mesures dérivées de la mesure à quatre temps , sont les mesures douze quatre $\frac{12}{4}$ & douze huit $\frac{12}{8}$.

S'il arrive qu'on oublie le mouvement des mesures qui ne sont point indiquées par un 2 ou un 3 , qu'on se souvienne que toutes les fois que le chiffre supérieur fait nombre pair , la mesure se bat à deux temps ; s'il donne nombre impair , elle se bat à trois temps ; si le signe supérieur est double , elle se bat à quatre temps.

Observez pareillement dans les mesures composées, que le signe supérieur simple ou multiplié donne le nombre des notes que doit emporter la mesure ; l'inférieur en indique la figure ; par exemple : dans la mesure à deux quatre $\frac{2}{4}$, le chiffre supérieur dit qu'il faut deux notes pour la mesure , & l'inférieur indique que ces mêmes notes doivent être des quatriemes de ronde. Ce principe posé, il est aisé de partager les temps dans toutes les mesures composées.

A la mesure à deux & à trois temps simple, il est d'usage de pointer les croches de deux en deux, c'est-à-dire que l'on passe la seconde des deux croches un peu plus bréve que la premiere, quoiqu'étant d'une valeur égale.

A la mesure à quatre temps on pointe les doubles-croches.

Dans les mesures six quatre $\frac{6}{4}$, neuf quatre $\frac{9}{4}$ & douze quatre $\frac{12}{4}$, on pointe les croches.

Dans les mesures deux quatre $\frac{2}{4}$, six huit $\frac{6}{8}$, trois huit $\frac{3}{8}$ neuf huit $\frac{9}{8}$ & douze huit $\frac{12}{8}$, on pointe les doubles-croches.

Dans la mesure à trois deux $\frac{3}{2}$, on pointe les noires ou les croches-blanches, de deux en deux.

Parmi les gens de l'art, il en est qui prétendent que ce principe ne doit avoir lieu que lorsque ces notes sont précédées chacunes d'un point; il en est d'autres qui reconnoissent une différence sensible entre la maniere de donner une valeur égale à ces notes, de les pointer légérement de deux en deux,

ou de les pointer d'une maniere plus
marquée, lorfqu'elle eſt indiquée par
les points qui précedent les notes breves.
Comme on n'eſt pas parfaitement d'ac-
cord ſur ce principe, on choiſira dans
les trois manieres celle qui ſera la plus
propre au genre de muſique qu'on exé-
cutera.

On fait uſage d'une liàiſon ainſi tra-
cée ⌢. Quand elle eſt au deſſus ou au deſ-
ſous de deux notes qui ſont ſur la même
ligne, ou dans le même intervalle, elle
ſert à n'en prononcer qu'une à qui l'on
donne la valeur des deux notes qui ſont
liées.

E X E M P L E.

Quand dans un air, ſous lequel il
y a des paroles, elle eſt au-deſſus de
pluſieurs notes qui ne ſont ni ſur

la même ligne, ni dans le même intervalle, elle indique que les notes qu'elle contient font pour une syllable ou pour un feul coup d'archet dans un air de fymphonie.

E X E M P L E.

Lorfque la liaifon fe fait du temps foible au temps fort, elle prend le nom de fincope.

E X E M P L E.

Quelquefois la fyncope fe pratique fans liaifon : alors c'eft une note entre deux autres de moindre valeur, làquelle note commence fur la fin d'un temps & finit au commencement de l'autre.

EXEMPLE.

Quelquefois les notes font fyncopées
dans le même temps.

Dans tous les cas où il y a fyncope,
il faut enfler le fon fur la feconde partie
de chaque note fyncopée ; différence
effentielle entre la fyncope & la liaifon.

OBSERVATIONS.

Pour faire des progrès dans la Musique & étudier avec fruit, il faut commencer par chercher dans qu'elle Gamme est l'air que l'on veut apprendre, savoir si cette Gamme est majeure ou mineure ; ensuite se rendre compte de la valeur des notes relativement à la mesure indiquée après la clef.

Il n'est pas inutile de remarquer aussi, que de quelque note que l'on parte dans toutes les Gammes majeures, les deux demi-tons doivent être toujours de la troisieme à la quatrieme note, & de la septieme à la huitieme, comme dans la Gamme naturelle d'*ut* & que dans les Gammes mineures, c'est de la seconde à la troisieme note, & de la cinquieme à la sixieme, comme dans la Gamme mineure de *la* qui en est le modele.

MANIERE *de connoître la Gamme dans laquelle on chante.*

Une Gamme ne peut commencer que par la premiere note que l'on nomme *tonique*, par la troisieme en montant que l'on nomme *médiante*, ou par la cinquieme que l'on nomme *dominante*. Il est essentiel de savoir aussi que ce qu'on appelle note *sensible*, est la note qui fait septieme avec la *tonique* ou premiere note d'une Gamme ; cette septieme doit être composée de cinq tons & d'un demi-ton : cette note est appellée *sensible*, parce qu'elle fait sentir la Gamme dans laquelle on est.

Lorsqu'il n'y a ni Dièze, ni Bémol à la clef, on est dans la Gamme majeure d'*ut* ou dans la Gamme mineure de *la* ; alors pour pouvoir distinguer celle dans laquelle on est, il faut savoir que la Gamme mineure de *la* exige un Dièze accidentel sur *sol*, lorsque ce *ſol* monte au *la*, afin que l'intervalle du *ſol* au *la*, qui eſt compoſé d'un ton, ne le ſoit que d'un demi-ton, comme du *ſi* à l'*ut* dans la Gamme d'*ut* : or, toutes les fois qu'il n'y aura, ni Dièze, ni Bémol à la clef, & qu'on rencontrera un Dièze accidentel ſur *ſol*, on ſera en *la* mineur, ſi on n'en rencontre pas ſur *ſol* montant au *la*, on ſera en *ut* majeur. On pourroit être en *la* mineur quoique le *ſol* fût naturel, mais alors ce *ſol* deſcend ſur *fa*.

EXEMPLE.

Les Dièzes que l'on rencontre à la clef appartiennent de même à deux Gammes différentes, dont l'une eſt majeure & l'autre mineure ; la note qui eſt au-deſſus du dernier Dièze donne ſon nom à la Gamme majeure dans

laquelle on peut être ; la note au-des-
fous de ce même Dièze, donne fon
nom à la Gamme mineure. Il eft aifé
de voir, par ce principe, que s'il y a
un *fa* Dièze à la clef, on doit être en
fol majeur ou en *mi* mineur, puifque
la note qui eft au-deffus du Dièze *fa*
eft un *fol*, & que celle qui eft au-deffous
de ce même Dièze eft un *mi* ; pour
être en *mi* mineur, il faut rencontrer
un Dièze accidentel fur *ré*, afin que
l'intervalle du *ré* au *mi*, qui eft encore
compofé d'un ton, ne le foit que d'un
demi-ton, comme du *fol* Dièze au *la*
dans la Gamme de *la*.

E X E M P L E.

Il faut obferver qu'entre les Gammes majeures & les Gammes mineures,
qui ont le même nombre de Dièzes à

la clef, il y a cette différence que les Gammes mineures exigent un Dièze de plus que les majeures, & ce Dièze accidentel doit toujours se trouver sur la septieme note de la Gamme mineure en montant, afin qu'il n'y ait jamais qu'un demi-ton de la septieme note à la huitieme, comme du *sol* Dièze au *la* dans la Gamme mineure de *la*, ainsi qu'il a été dit ci-deſſus.

Les Bémols que l'on rencontre à la clef appartiennent auſſi à deux Gammes différentes, dont l'une eſt majeure & l'autre mineure ; la quatrieme note au-deſſous du dernier Bémol donne son nom à la Gamme majeure dans laquelle on peut être ; la ſixieme note au-deſſous de ce même Bémol donne son nom à la Gamme mineure ; de sorte que s'il y a un *ſi* Bémol à la clef, on eſt en *fa* majeur ou en *ré* mineur, puiſque la quatrieme note au-deſſous du Bémol *ſi* eſt un *fa*, & que la ſixieme au-deſſous de ce même Bémol eſt un *ré*. Pour être en *ré* mineur, il faut rencontrer un Dièze accidentel sur *ut* , lorsqu'il monte au *ré* , afin que l'intervalle de l'*ut* au *ré* , qui est composé d'un ton , ne le soit que d'un demi-ton , comme du *sol* Dièze au *la* dans la Gamme de *la*.

EXEMPLE.

S'il y a trois Bémols à la clef, savoir : *si* , *mi* , *la* Bémols , on est en *mi* Bémol majeur ou en *ut* mineur , puisque la quatrieme note au-dessous du dernier Bémol *la* est un *mi* Bémol , & que la sixieme au-dessous de ce même Bémol est un *ut* : pour être en *ut* mineur , il faut rencontrer un Béquarre sur *si* lorsqu'il monte à *ut* , afin que l'intervalle du *si* à l'*ut* , qui est composé d'un ton par rapport au Bémol sur *si* , ne le soit que d'un demi-ton , comme on l'a vu dans l'exemple de *la* mineur, entre *sol* Dièze & *la*.

EXEMPLE.

Dans toute autre Gamme mineure où il entre plus de trois Bémols, il faudra trouver de même un Béquarre sur la note qui fait septieme avec la tonique mineure, lorsque cette septieme note montera à la note tonique.

Moyen de savoir combien les différentes Gammes, tant majeures que mineures, exigent de Dièzes ou de Bémols à la clef.

PREMIERE REGLE.

Dans les Gammes majeures par Dièze, il faut regarder la note qui fait septieme avec une tonique quelconque, comme devant toujours être Dièze , ensuite chercher le rang de ce Dièze dans l'ordre de leurs positions par exemple : si l'on veut savoir combien la Gamme de *sol* en exige , il faut regarder le *fa* comme devant être Dièze , puisqu'il fait septieme avec la tonique *sol* ; comme ce *fa* est le premier dans le rang des Dièzes , il n'en faut qu'un.

DEUXIEME REGLE.

Dans les Gammes mineures par Dièze, il faut regarder la note qui est au-dessus d'une tonique quelconque , comme devant toujours être Dièze & chercher de même le rang de ce Dièze dans l'ordre de leurs positions : si l'on veut savoir combien la Gamme mineure de *mi* en exige , il faut regarder le *fa* qui est au-dessus de la tonique *mi* , comme devant être Dièze ; ce *fa* n'étant encore que le premier dans le rang des Dièzes, il n'en faut qu'un. On voit par-là,

que cette Gamme n'exige qu'un Dièze
à la clef, ainsi que la Gamme majeure
de *sol*.

Troisieme Regle.

Dans les Gammes majeures par
Bémol, il faut regarder la quatrieme
note, au-dessus d'une tonique quelconque, comme devant toujours être Bémol & chercher le rang de ce Bémol
dans l'ordre de leurs positions : si l'on
veut savoir combien la Gamme de *fa*
en exige, il faut regarder le *si* comme
devant être Bémol, puisqu'il est la quatrieme note au-dessus de la tonique *fa* :
comme ce *si* est le premier dans le
rang des Bémols, il n'en faut qu'un.

Quatrieme Regle.

Dans les Gammes mineures par
Bémol, il faut regarder la sixieme note
au-dessus d'une tonique quelconque,
comme devant être Bémol, & chercher
quel rang tient ce Bémol dans l'ordre
de leurs positions : si l'on veut savoir

combien la Gamme mineure de *ré* mineure en exige, il faut regarder le *si* comme devant être Bémol, puisqu'il est la sixieme note au-dessus de la tonique *ré* : comme ce *si* est encore le premier dans le rang des Bémols, il n'en faut qu'un.

Il est essentiel de se ressouvenir de ces quatre regles, & de se les rendre familieres, pour pouvoir transposer un air dans tous les tons (*), & par conséquent, sur toutes les clefs. Avant de s'appliquer à ce genre d'étude, il faut commencer par savoir dans quel ton est l'air qu'on veut transposer, remarquer s'il est majeur ou mineur, & voir par quelle note il commence ; que l'air soit majeur ou mineur, il doit être le même dans toutes les transpositions.

Si l'air commence par la tonique, & que par un changement de clef, cette note prenne un autre nom, elle sera de même tonique du ton transposé ; s'il commence par la médiante,

____

(*) Ce mot *Ton* est ici synonime de *Gamme*.

cette

cette médiante deviendra la médiante du ton transposé ; si c'est par la dominante, cette dominante deviendra la dominante du ton transposé. Supposez que l'air soit en *ut* majeur & qu'il commence par la tonique *ut* ; si par un changement de clef, cet *ut* devient *ré*, ce *ré* deviendra tonique du ton transposé ; par conséquent, on sera en *ré* majeur ; s'il commence par *mi*, qui est la médiante d'*ut*, & que par le changement de clef ce *mi* devienne *fa* ✕, ce *fa* ✕ devient aussi la médiante du ton transposé ; s'il commence par *sol*, qui est la dominante d'*ut*, & que par le changement de clef, ce *sol* devienne *la*, ce *la* devient aussi la dominante du ton transposé. On se rappellera que la note que l'on nomme tonique est la premiere note de la Gamme, que la médiante en est la troisieme, & que la dominante en est la cinquieme.

On voit par cette méthode qu'on peut apprendre à solfier sur toutes les clefs, sans les avoir sous les yeux ;

C

il suffit de se les représenter à l'imagination pour y parvenir ; par ce moyen on évite non-seulement la multiplicité des leçons élémentaires, mais encore on apprend à connoître combien les différentes Gammes, tant majeures que mineures, exigent de Dièzes ou de Bémols après la clef, ce qui est clairement développé dans la premiere, deuxieme, troisieme & quatrieme regle.

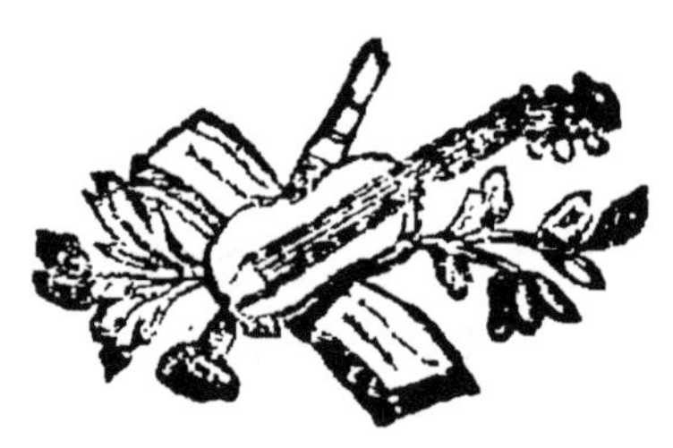

DU CHANT.

L'ART de chanter s'exprime mieux qu'on ne peut le décrire ; aussi ne prétend - on pas en donner ici les principes qui n'existent que dans la maniere de sentir. On se propose seulement de faire observer aux Eleves, qui ont des dispositions & assez d'amour - propre pour vouloir se distinguer dans cette partie, que pour parvenir à bien chanter, il faut commencer par s'attacher à une belle prononciation, ouvrir la bouche de maniere qu'on puisse distinguer le son que chaque voyelle doit avoir ; c'est par ce moyen qu'on parvient à corriger le défaut de chanter du nez ou de la gorge. Il faut éviter de couper les mots en deux, pas mêmes les phrases lorsqu'elles ne sont pas susceptibles d'être partagées. Avant de chanter, on n'oubliera pas non plus de lire les paroles de l'air sur lequel on veut se perfectionner, afin d'en connoître le sens & chercher à le rendre par des nuances analogues au sujet.

AGRÉMENS DU CHANT,

Tirés du Dictionnaire de Rousseau.

LES agremens du chant qui font le plus généralement reçus, font au nombre de neuf; favoir: *l'accent*, la *cadence* pleine, la *cadence* brifée, le coulé, le *martellement*, le *flatté*, le

C 3

port de voix achevé , le *port de voix*
jetté ; le *son enflé* & diminué.

EXPLICATION

Des termes Italiens que l'on place au commencement de chaque air, pour en indiquer le mouvement. Tirés du Solfege d'Italie.

Cantabile, chanter aisément sans forcer ni gêner la voix.

Largo, le plus lent des mouvemens; il exige que les sons soient filés.

Larghetto, un peu moins lent que le Largo.

Adagio, posément.

Affectuoso, affectueusement, mouvement moyen entre *l'andante* & *l'adagio*.

Andante, gracieusement & marqué.

Andantino, un peu moins vite que *l'andante*.

Allegro, gai.

Allegretto, moins vif que *l'allegro*.

Amoroso, tendrement, passionnément.

Vivace, gai & animé.

Presto, vîte.

Prestissimo ou *presto assai*, très-vîte.

Conbrio, avec gaieté & éclat.

Tempo giusto, dans le mouvement propre à la mesure.

Grazioso, gracieusement.

Moderato, mouvement moyen entre le lent & le gai.

Sostenuto, soutenu.

Mezzo forte ou *mezza voce*, à demi-voix ou à demi-jeu.

Piano ou *dolce*, doux.

Pianissimo, très-doux.

Forte, fort.

Fortissimo, très-fort.

Outre le point dont on a parlé, il y en a encore de différentes especes : les uns se nomment point d'orgue ou de repos, & les autres, points détachés. Les points détachés se placent au-dessus ou au-dessous des notes, pour avertir qu'elles doivent se prononcer séche-ment & détachées ; le point de repos se met au-dessus des notes pour suspendre

la mesure. Si ce point est sur la note finale d'une seule partie, alors on l'appelle point d'orgue : il faut continuer le son de cette note, jusqu'à ce que les autres parties arrivent à leur conclusion naturelle.

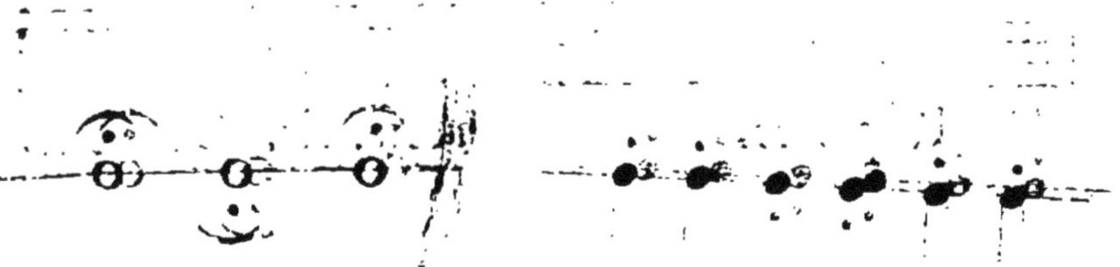

Points d'orgue ou de repos.   Points détachés.

La reprise est un signe de répétition ; quand la reprise est ponctuée à gauche & à droite, elle marque qu'il faut recommencer deux fois ce qui la précede & ce qui la suit ; quand elle a seulement des points à sa gauche, on ne répete que ce qui précede ; quand au contraire elle n'en a qu'à sa droite, on ne répete que ce qui suit.

Le renvoi est un signe qui se place au-dessus de la ligne, & qui indique l'endroit ou il faut reprendre.

Le guidon est encore un petit signe

qui fe met à la fin de chaque ligne,
pour indiquer la note qui commence
la ligne fuivante.

EXEMPLES.

FIN.

DISCOURS

SUR

L'HARMONIE.

AVERTISSEMENT

DE L'ÉDITEUR.

J'ai hasardé de mettre ce Discours à la suite des Élémens de Musique de M. MARCOU, dans la persuasion où je suis que ce morceau d'éloquence sera plus apprécié et mieux senti. Gresset a beau être entre les mains de tout le monde, il n'est pas moins vrai que, lorsqu'on parle de cet estimable écrivain, ce sont les poëmes charmans de Vert-Vert, du Lutrin-Vivant, du Carême-In-promptu, de la Chartreuse, etc., que l'on cite, et que l'on ne dit presque rien du Discours sur l'Harmonie. C'est dans la vue de le faire lire aux jeunes Musiciens, à qui il convient naturellement, sous le double rapport de l'utilité et de l'agrément, que je l'ai joint à cette Méthode. Puissent-ils m'en savoir quelque gré !

DISCOURS

SUR

L'HARMONIE.

Pʀᴇᴠᴇɴᴜ de tout temps, Messieurs, contre le style du Panégyrique, je ne prêterois point aujourd'hui ma voix à des louanges, si ce n'étoit en faveur d'un Art au - dessus des louanges mêmes : Art brillant, Art consacré dans tous les âges par l'amour de tous les Peuples; Art sublime, par qui la Terre s'entretint toujours avec les Cieux, et paie encore aux Immortels le tribut de ses hommages. A ces traits de lumière, qui peut méconnoître l'Harmonie ? Vos goûts, réunis pour elle, feront plus ici que ne pourroient faire tous ces mensonges brillans qu'on décore du nom d'éloquence. La réflexion suit volontiers la pente où le sentiment la mène, et toujours l'esprit souscrit rapidement au mérite de ce que le cœur adore. Je ne viens point prouver que la Musique doit plaire ; c'est une de ces vérités de la nature, dont chacun porte la preuve écrite dans son ame : je ne viens point expliquer comme elle plaît ;

D 2

c'est un de ces plaisirs intimes, dont il faut jouir avec transport, sans analyser froidement ses causes : je veux seulement développer d'abord la dignité de l'Harmonie aux yeux de ceux qui la chérissent par instinct sans avoir réfléchi sur son prix : je veux ensuite démontrer les nombreux avantages de cette Science à ceux qui ne la croient que riante et frivole, fortifier le goût de ses Amateurs, lui réconcilier ses Adversaires, s'il en peut être ; voilà mon projet. La noblesse de l'Harmonie, l'utilité de l'Harmonie ; c'est sous ces deux idées que je vais réunir et ranger tous ses attributs et toutes ses grâces. Déclamations emphatiques, métaphores ampoulées, fastueuses hyperboles, disparoissez, soyez les beautés et les Dieux du Pédantisme ; la vérité sera ma seule éloquence. Heureux un Art dont l'Histoire est l'éloge !

PREMIÈRE PARTIE.

LA noblesse des Arts, comme celle de la naissance, me paroît fondée sur trois illustres prérogatives ; l'antiquité de son origine, sa puissance marquée, la vénération des Peuples : triple avantage qu'on ne peut contester à la Musique ; suivons-en les preuves.

Il règne chez les Historiens des Sciences et des Arts un défaut qui leur est commun avec les Historiens des Peuples et des Empires ; les uns et les autres, plus épris du merveilleux que du vrai, ont souvent placé dans la Fable l'origine de ce qu'ils célébroient : tantôt ils ont choisi à la Nation, ou à l'Art qu'ils vantoient, des Dieux pour aïeux ou pour inventeurs : tantôt, dans des ténèbres augustes, ils en ont voilé l'origine. La plupart n'ont pu souffrir des commencemens simples et obscurs, oubliant que les fleuves les plus majestueux dans leur cours, n'ont été d'abord que de foibles ruisseaux, partis souvent d'une source ignorée. Autorisé par ces exemples, je pourrois ou tirer un voile mystérieux sur le berceau de l'Harmonie naissante, ou lui prêter une descendance fabuleuse, la faire naître des Dieux dans un Parnasse chimérique, ou dans un Olympe imaginaire. Que dis-je ? La Musique exis-toit beaucoup long-temps avant que ces Dieux, l'ouvrage des hommes, fussent nés dans la Fable. À ces pompeuses fictions, je pourrois joindre les songes brillans de Pythagore, vanter la magnifique Harmonie des Astres, leur marche mélodieuse, leurs révolutions cadencées, et ce concert sublime que forment tous les Corps célestes et les Cieux divers; mais des rêveries ne sont point mes preuves. Consultons les archives du monde, ces vastes vainqueurs de l'oubli, témoins de tous les temps, et contemporains de tous les Arts : que nous diront-elles ? Que la Musique compte autant de siècles de durée que l'Univers même; ils nous apprendront que l'aimable compagne du premier mortel fut l'inventrice des premiers sons mesurés; que, dès qu'elle eût entendu les gracieux accens des oi-seaux, devenue leur rivale, elle essaya son gosier; que bientôt elle y trouva une flexi-bilité qu'elle ignoroit, et des grâces plus touchantes que celles des oiseaux mêmes; qu'enfin, s'appliquant chaque jour à cher-cher dans sa voix des mouvemens plus légers et des cadences plus tendres, instruite par les Amours déjà nés avec elle, bientôt elle se fit un Art du chant, présent des Cieux, par lequel, après sa disgrace, elle sut souvent adoucir et charmer les peines de son époux exilé du divin Elysée.

Si ce trait ne peut point suffire, ouvrons

les fastes sacrés : dès l'entrée des Annales
saintes (*), nous verrons que Jubal, fils de
Lamech, fut le père ou le maître de ceux
qui chantoient le Printemps de la Nature et
les bienfaits récens du Dieu Créateur, au
son de l'orgue et des cythares ; d'où il est
nécessaire de conclure, qu'avant Jubal même,
le chant étoit un Art, puisque de son temps
la Musique instrumentale, faite pour accom-
pagner la voix, étoit déjà inventée, soit que
cette charmante invention ait été enfantée
par le seul génie, soit qu'elle ait été un
Art d'imitation, et que, comme les oiseaux avoient déjà été nos maîtres pour le
chant, les Zéphirs l'aient été pour les instrumens, et que leur souffle, ou agitant les
feuillages par des frémissemens légers, ou
formant au travers des roseaux une espèce
de tendres soupirs et de gémissemens harmonieux, ait donné naissance aux flûtes,
aux métaux organisés par l'Art, et à tous
les instrumens que l'air anime et vivifie.
Avançons : de la jeunesse du Monde, des-
cendons de siècles en siècles ; à chaque pas,
nous trouverons des vestiges de l'antique
noblesse de la Musique ; nous la verrons
marcher de beautés en beautés, de nations en nations, de trônes en trônes. Née
dans l'Orient, la première patrie de l'ima-

____

(*) Gen. c. 4. 21.

D 4

gination et du génie, chaque âge, à l'envi,
lui prête de nouveaux agrémens. Tour-à-
tour le Peuple Hébreu, l'heureuse Assyrie,
la savante Égypte, la sage Grèce font de
l'Harmonie une de leurs loix fondamen-
tales ; déjà par - tout elle devient la dé-
positaire des monumens de la Patrie : je
m'explique.

Dans ces premiers temps, où l'on ignoroit encore l'Art d'écrire et de peindre la
voix, les Peuples ne conservoient leurs Chro-
niques, que dans des Vers qu'on chantoit
fréquemment, pour en perpétuer le souvenir ;
par le secours de cette tradition, ils rap-
peloient leur origine, les exploits de leurs
Conquérans, les préceptes de leurs Arts, les
louanges de leurs Dieux, leur Morale, leur
Mythologie, leur Religion. Que dis-je ? Leur
Religion elle - même étoit fondée, établie,
appuyée sur les secours de la Musique ;
par elle, les premiers Législateurs des Nations étoient sûrs d'engager, de persuader,
de soumettre les esprits : ils savoient qu'on
ne gagne bien sûrement les cœurs que par
l'appas du plaisir ; qu'on facilite les devoirs
en leur associant l'agrément ; qu'il faut parer
les vertus, égayer les leçons, dérider la sa-
gesse, orner la raison, et prêter des grâces
à des loix trop austères, à des vérités trop
tristes : ils savoient qu'il faut prendre l'homme
dans des filets dorés ; que c'est un enfant ma-
lade : si, pour le guérir, on veut lui faire prendre

quelque liqueur amère, il faut que les bords du vase soient baignés d'une liqueur plus flatteuse, afin que, trompé par ce salutaire artifice, il boive à pleine coupe la santé et la vie. Ainsi Hermès-Trismégiste, Orphée, le dernier Zoroastre, les Gymnosophistes, tous les Fondateurs des Religions diverses, connoissant le goût naturel de l'homme pour les agréables accords, mirent à profit cette sensibilité ; ils donnèrent à l'Harmonie l'une des premières places dans le Sanctuaire : en donnant des Dieux aux Nations, ils confièrent au pouvoir et aux règles du chant l'histoire de ces Divinités, les hymnes, les loix des Fêtes, les coutumes des sacrifices, les chants des victoires, des hyménées, des funérailles, persuadés que leur Religion, placée sur l'Autel à côté de la paisible Harmonie, s'y maintiendroit plus long-tems que si son autorité étoit seulement gravée sur le marbre ou sur les tables de bronze, et que si elle ne régnoit que par la terreur au milieu des feux et la foudre à la main.

Ici, peut-être, quelqu'un en secret m'interrompt et me dit : J'avoue l'antiquité de la Musique ; mais qu'étoit-ce que la Musique des anciens ? C'étoit sans doute l'enfance de l'Art ; des chants sans délicatesse, des voix sans goût, des airs sans mouvemens, des instrumens sans ame, une Harmonie sans expression, du bruit sans accords. Enfin, poursuit-on, comparer la Musique ancienne à celle des derniers âges, c'est comparer le premier crépuscule du matin, l'éclat douteux de l'Aurore, au Soleil dans sa course. Illusion ordinaire du préjugé : les siècles sont rivaux et réciproquement ennemis; le siècle présent croit toujours avoir surpassé ceux qui l'ont précédé, et ne rien laisser à perfectionner à ceux qui doivent le suivre ; mais (j'ose le dire sur la foi d'un savant (*) Critique de nos jours, très-profond connoisseur de l'antiquité), oui, la Musique ne fut peut-être jamais plus régulière que chez les premiers Peuples : alors, dans son printemps, telle encore qu'une jeune Nymphe, belle sans fard, vive sans affectation, elle marchoit à la suite de l'aimable Nature : depuis ces précieux jours, souvent déchue de l'état parfait, elle est à présent plus occupée à recouvrer ce qu'elle a perdu de beautés, qu'à s'en chercher de nouvelles. En effet, les premiers Enfans de la Nature, ses favoris, avoient-ils moins que nous le don de l'invention ? les Anciens avoient-ils moins de passion pour la belle Harmonie ? Chez eux les Musiciens étoient plus illustres ; chez eux la Musique produisoit de surprenans effets que la nôtre ne produit plus; par elle on voyoit des séditions appaisées, des combats arrêtés, des tyrans fléchis, des frénétiques

---

(*) Don Calmet.

calmés, des mourans sauvés du tombeau.
Doutera-t-on de ces prodiges attestés par les
Auteurs profanes, si on se rappelle ceux
qu'attestent les monumens sacrés ? Ici, des
Israélites devenus subitement Prophètes du
Seigneur au seul son (*) des instrumens,
subitement frappés d'une sainte ivresse, subitement instruits de l'histoire de l'avenir :
là, le premier roi (**) d'Israël, du sein des
fureurs infernales, ramené au calme et rendu
à la paix par les accords de la Harpe. Tant
de faits brillans permettront-ils encore d'ignorer les charmes de l'antique Harmonie ? Qu'on
ne dise point que la Musique ancienne étoit
trop simple, trop peu variée ; déjà l'ivoire,
l'airain et les bois précieux s'étoient animés
sous les doigts légers de l'Harmonie : alors
même on connoissoit plusieurs instrumens
inconnus à notre Musique; car où sont maintenant les Lyres antiques, les Hazurs du
Peuple Hébreu, les Cistres dorés de Mem-
phis, les Kinnors de Tyr, les Nables de
Sidon ? A peine leurs noms sont - ils venus
jusqu'à nous, la mémoire même en a péri ;
mais il reste toujours vrai que leurs effets
tenoient du prodige, preuve victorieuse que
l'ancienne Musique n'étoit pas sans force et
sans beautés, puisqu'elle n'étoit pas sans pou-

(*) I. Reg. 18. 6.
(**) I. Reg. 16. 23.

D 6

voir ; seconde prérogative de l'Harmonie : sa puissance marquée, seconde preuve de la noblesse de cet Art.

Sans que je parle, Messieurs, déjà cette puissance est assez prouvée : tout l'empire de la Nature est l'empire de l'Harmonie : tout ce qui respire, tout ce qui est né sensible, subit sa loi. S'il est quelqu'un qui l'ose contester, il est sans entrailles, il est né sans doute dans l'absence des grâces, et sous un Astre sinistre, au sein des rochers impitoyables, et parmi les animaux farouches. Que dis-je ? Les rochers mêmes et les plus farouches animaux sont sensibles à de touchans accords, et tiennent plus de l'humanité que ce cœur inflexible. A la voix de l'Harmonie, cette Reine aimable de l'Air, les êtres les plus insensibles sont animés, les êtres les plus tristes sont égayés, les êtres les plus féroces sont attendris ; par-tout où elle passe, la Nature s'embellit, le Ciel se pare, les Fleurs s'épanouissent : elle entre dans une solitude vaste, muette et désolée ; bientôt par elle tout se réveille, l'affreux silence s'enfuit, tout vit, tout entend, tout prend une voix pour applaudir ; sommets des collines, ruisseaux, vallons, antres des bois, tout répond à l'envi : l'Air par ses doux frémissemens, l'Onde par son murmure, les Oiseaux par leur ramage, les Feuillages même par leur agitation harmonieuse ; les Zéphyrs en prolongent le plaisir, d'échos en échos, de rivages en rivages : Amphion touche la Lyre, les montagnes s'animent, les pierres vivent, les marbres respirent, les rochers marchent, des tours s'élèvent, une Ville vient d'éclore : je vois Thèbes.

Sur quel nouveau spectacle mes yeux sont-ils transportés ? O crime ! d'avares Nochers vont précipiter dans les eaux un favori de Polymnie : cruels ! arrêtez. Ah ! du moins avant sa chute, qu'il lui soit permis de prendre encore une fois la Lyre ! Il la touche ! à ses accens Amphitrite se calme, les Aquilons s'envolent, les monstres des mers s'élèvent au‑dessus des flots tempérés, et se rassemblent autour du vaisseau barbare : Arion en est précipité ; un Dauphin le reçoit, le porte au sein des vertes ondes, et le rend aux rives Lesbiennes. C'est peu, l'empire de la Terre et celui du Trident ne suffisent point à la puissante Harmonie ; elle va porter ses conquêtes hors du monde même, et sur des plages inconnues au Dieu du jour. Eurydice n'est plus ; tendre époux et toujours amant, le chantre de la Thrace ose quitter les régions de la lumière : à la lueur du flambeau de l'Amour, il perce les profonds déserts du Chaos ; vivant il descend chez les morts ; sa Lyre triomphante va lui frayer des chemins que ni l'or, ni les armes, ni la beauté n'ouvrirent jamais à des êtres animés. Il marche intrépide ; déjà il a pénétré aux brûlantes rives du Phlégéton, il passe ; à sa suite la troupe ailée des Amours traverse l'onde noire : Orphée chante ; à ses tendres accords l'éternelle nuit perd son horreur, l'éternel silence a cessé, l'éternel sommeil est interrompu ; la mort retarde ses fureurs, un peuple d'Ombres voltigeantes entoure le fils de Calliope ; les tourmens du Tartare sont suspendus ; Porphyrion, Sysiphe, Ixion, Tantale éprouvent de plus doux momens ; Tisiphone est désarmée, la Parque oisive, Mégère attendrie, le Monarque des Mânes lui-même, tyran jusqu'alors inexorable, s'étonne de se trouver sensible ; trois fois il résiste, trois fois il est fléchi.

Telles sont, Messieurs, les images parlantes et les éloquentes allégories, sous lesquelles la première antiquité se plaît à nous peindre la puissance de l'Harmonie, dès les temps héroïques. Mais pour marcher plus sûrement à la vérité, levons, si vous voulez, cette écorce des Fables et ce voile de la fiction ; en voici la réalité. Par ces arbres animés, par ces rochers émus, par ces monstres attendris, nous comprendrons, et il est vrai que les premiers humains, se sentant encore du Chaos, encore errans, sans loix, sans mœurs, sans patrie, habitans enfin des antres sauvages, furent humanisés, attirés dans des murs, réunis sous des loix par des accords de quelques mortels déjà plus cultivés, qui, dans des chansons engageantes, leur vantoient la beauté de la raison, les

avantages de la société, les charmes de l'ordre.
Par ces tourmens infernaux soulagés et suspendus ; nous comprendrons, et il est vrai,
que souvent l'Harmonie enchanta les maux (*)
et suspendit la douleur. De plusieurs preuves
incontestables de cette vérité, je ne veux que
celle que nous offre cet insecte fameux et funeste aux champs de Tarente ; mais ta puissance salutaire, Harmonie charmante, fut
toujours plus marquée encore sur les douleurs
profondes de l'esprit ; seule, tu connois les
chemins du cœur ; seule, tu sais endormir les
chagrins importuns, assoupir les noirs soucis,
éclaircir les nuages de la sombre mélancolie ; seule, par la rapidité de tes sons, tu
viens rendre au sang, trop lent dans ses
canaux, une circulation plus agile, une flui-
dité plus facile aux esprits engourdis, un jeu
plus libre aux organes appesantis. Que je sois
plongé dans un morne silence et dans des léthargiques rêveries, où trouverai-je un charme
à mes ennuis opiniâtres ? Sera - ce dans la
raison ? Je l'appelle à mon secours ; elle vient,
elle m'a parlé : hélas ! je soupire encore.
Dans nos peines, la raison elle - même est une
peine nouvelle : on cesseroit de souffrir, si
l'on cessoit de penser. Sera - ce dans l'enjouement des conversations amusantes ? Hélas !
a-t-on la force de s'égayer avec autrui, quand

____

(*) Athénée, liv. 4, ch. 14.

on est mal avec soi-même ? Sera-ce enfin dans vos pompeux écrits, Philosophes altiers, Stoïciens orgueilleux ? Importuns consolateurs, fuyez : en vain me prêcheriez vous, sous des termes fleuris, une patience muette, une insensibilité superbe, une constance fastueuse ; vertus de spéculation, philosophie trop chimérique, vous ne faites qu'effleurer la superficie de l'ame sans la pénétrer, sans la guérir. Suis-je donc percé d'un trait mortel ? Les chagrins sont-ils invincibles ? Non : vole dans mon cœur, riante Harmonie ; une voix touchante vient frapper mon oreille, déjà le plaisir passe dans mes sens, des images plus gracieuses brillent à mon esprit, je me retrouve moi-même, je suis consolé. Ainsi, à la gloire de cet Art, souvent mille raisonnemens étudiés du pointilleux Sénèque valent moins, pour distraire nos peines, qu'une symphonie gracieuse du sublime Lulli.

Veut-on encore une preuve plus persuasive du pouvoir de l'Harmonie, une de ces preuves de sentiment, qui portent avec elles la conviction ? Qu'on parcoure avec moi la Nature, qu'on l'examine, qu'on l'interroge, non-seulement dans ces esprits exercés, dans ces caractères cultivés, à qui les soins de l'éducation, joints à une raison lumineuse, ont inspiré le goût des Arts charmans ; mais dans ceux-mêmes qui semblent être réduits au seul instinct ; dans les enfans, dans les habitans des campagnes, dans les Sauvages, dans les Barbares, dans les animaux mêmes, partout on reconnoîtra que tout ce qui vit, a des liaisons naturelles, des convenances intimes, des rapports nécessaires avec la douce mélodie.

Interrogeons la Nature dans les ombres de l'enfance. Je vois un berceau, un foible enfant y pleure, une mère alarmée le menace, tonne, éclate; il redouble ses plaintes : elle chante, il est calmé. Déjà il a interrompu ses cris pour entendre des sons plus mesurés ; il les imite même, il y répond par un murmure inarticulé : tel le jeune oiseau, sous l'aile de sa mère, apprend d'elle son ramage ; il étudie ses airs, il les répète, et dès avant son premier essor, il se prépare aux concerts des bois.

Interrogeons la Nature dans l'ignorance des campagnes ; je vois un peuple grossier, stupide, aveugle. Qu'on lui développe les richesses de la Poésie, les grâces de l'Éloquence, les charmes de la Peinture, l'industrie de la Navigation, les beautés de l'Architecture ; privé de goût et de lumières, il entend sans comprendre, il voit sans admirer, il reste insensible, il ignore ces plaisirs : mais que, parmi ce même peuple, de beaux airs se fassent entendre, il se réveille, il devient attentif, il est ému, le sentiment se déclare, je reconnois l'Humanité. Aussi voit-on chaque jour les habitans des hameaux revenir du travail, et rentrer dans les bergeries au son des flageolets et des musettes, dès que l'étoile du soir revient sur l'horizon : aussi les voit-on, dans les jours de leurs Fêtes, danser et fouler l'émail després fleuris, au bruit des chansons et des chalumeaux légers.

Interrogeons la Nature dans l'horreur des plus sauvages contrées, de ces îles séparées du reste du monde, de ces régions barbares dont les habitans sont aussi féroces que les lions et les ours leurs concitoyens. Les Dieux des autres Arts n'eurent jamais de Temples sous ces tristes climats ; la seule Harmonie a su les rendre tributaires de ses attraits : elle seule a su pénétrer ces cœurs inaccessibles aux autres grâces ; il n'est point de rivage si désolé, ni d'écho si barbare qui n'aient répété des chansons. L'amour de l'Harmonie perce à travers la plus épaisse barbarie, à travers les plages glacées de l'Ourse et les arènes de la Zone brûlante. Les Hurons impitoyables, les cruels Macassars, les Caraïbes sanguinaires, les Cannibales inhumains, ont leur Musique, leurs chants de paix, de guerre, de triomphe : avant de commencer ces festins homicides, dans lesquels ils dévorent les captifs que la victoire leur a soumis, pleins d'une farouche allégresse, ils forment des danses ensanglantées autour des victimes dont ils vont être les tombeaux ; je dis plus, ils chantent eux-mêmes leur propre trépas. Du milieu des supplices, du sein des

feux lents qui les entourent, ces Héros barbares rappellent leurs anciens triomphes dans
leurs chansons funèbres, et, consolés par
ce doux souvenir, ils expirent dans le sein
de l'Harmonie, et lui consacrent leur dernier
soupir.

Pour dernière preuve, sortons, si vous voulez, Messieurs, sortons de la Nature raison-
nable, interrogeons les animaux, interrogeons
le peuple ailé des airs, le peuple muet des ondes, le peuple fugitif des forêts et des rochers,
tous se montreront sensibles à l'Harmonie.
L'Aurore ouvre les portes du jour, la Nature s'éveille ; déjà les oiseaux ranimés an-
noncent la lumière et saluent le Soleil naissant par leurs concerts amoureux ; rivaux
pleins d'une vive émulation, ils se cherchent,
ils s'attaquent, ils se répondent, ils se com-
battent : leurs chansons commencent avec le
jour ; et ne finissent qu'avec lui : je me
trompe, elles ne finissent pas même ; tu les
prolonges d'un soleil à l'autre, solitaire Philomèle, sirène des bois ; et, quand la sombre
nuit vient imposer silence à la Nature, elle
te laisse le droit de chanter encore, et de
charmer ta tendre mélancolie : l'Echo veille
avec toi ; avec lui tu t'entretiens de tes anciens malheurs : tes airs, tes harmonieux soupirs, portés au loin, diminuent l'horreur du
vaste silence : pour t'entendre exhaler ta
peine, la sœur du Soleil absent promène
plus lentement dans les plaines de l'air son

char argenté; elle s'abaisse, elle semble se fixer sur ton bocage, et la Déesse du matin te trouve encore dans la plainte et dans les veilles amoureuses.

C'est par ce goût du chant, que souvent les oiseaux nous en ont disputé l'avantage et le prix; jaloux d'une belle voix ou d'un instrument bien touché sous un ombrage, souvent le Rossignol a défié nos plus doux accens, chantant tour-à-tour, et balançant la victoire; lassé enfin, plutôt que vaincu, honteux de survivre à son silence, souvent du sein des ormeaux il est tombé aux pieds de son vainqueur en soupirant, et plus d'une fois la guitarre a été son tombeau. C'est ce même appât qui, du fond des eaux, a souvent attiré dans les filets les poissons moins craintifs; c'est cet attrait qui, selon Pline, rend le Cerf attentif aux doux accens de la flûte, le fougueux Coursier sensible au bruit réglé du tambour; l'Eléphant aux sons audacieux du clairon; c'est lui, dit Ovide, qui, par la douceur du chalumeau, arrêta souvent le loup enchanté, tandis qu'il poursuivoit l'agneau tremblant.

Paroissez maintenant, censeurs rigoureux, graves Aristarques; osez demander encore où est la puissance et le mérite de l'Harmonie: toute la Nature vous a répondu; et n'ai-je point dans votre cœur un témoin secret contre vous-même? A chaque instant du jour la Nature vous répétera par toutes ses voix, que l'Harmonie est un présent qu'elle a reçu des cieux pour charmer ses ennuis et pour faciliter ses travaux : ainsi tout chante dans sa peine. Que font, dans leurs fatigues, tant d'hommes que le besoin condamne à souffrir pour d'autres hommes, et dont les mains, la liberté et les jours sont vendus à des maîtres ? Que fait le laboureur matinal en traçant ses pénibles sillons ; le diligent moissonneur au milieu des plaines brûlantes ; l'industrieux vigneron sur les côteaux qu'il cultive ? Que fait le berger toujours errant avec son troupeau ? Que fait le forgeron laborieux parmi les flammes dont il est environné ? Que fait, sur le rivage, le pêcheur impatient ? Que fait, dans sa prison flottante, le rameur captif, le forçat infortuné ? Que font tant d'autres mortels dévoués à la solitude ou au malheur ? Ils chantent, et par le chant ils écartent le chagrin, ils semblent hâter le temps, ils abrègent les heures trop lentes : ainsi le solitaire ennuyé chante dans son désert, le voyageur dans l'horreur des bois, l'exilé dans sa retraite, le captif dans ses fers, le prisonnier dans ses ténèbres, l'esclave dans les mines et dans les carrières profondes ; du centre de la terre où il est enseveli vivant, ses chants s'élèvent jusqu'à la région du jour. Par un penchant invariable, par un instinct commun, par un goût universellement consenti, tout annonce, tout atteste que l'Harmonie est un plaisir nécessaire à la

Nature. Si nous examinons les autres plaisirs, ne leur trouverons-nous pas ou moins d'étendue, ou moins de pouvoir, une volupté moins pure, des sensations moins délicieuses ? Il est des plaisirs de caractère et d'opinion, goûtés chez un Peuple, inconnus aux autres : l'Harmonie réunit tous les goûts. Il est des plaisirs d'Arts et de Littérature accordés à peu d'hommes cultivés ; l'Harmonie n'en excepte presqu'aucun de ses faveurs. Il est des plaisirs muets, inanimés, qui ne parlent qu'aux yeux sans rien dire au cœur : tels sont les spectacles que nous offre le pinceau ; l'Harmonie ne manque point de sentiment. Il est des plaisirs languissans, émoussés, trop uniformes ou trop tôt épuisés ; est-il un plaisir plus brillant, plus diversifié, plus intarissable que celui de l'Harmonie ? plaisir puisé dans la nature, plaisir enfin si nécessaire, et dont la privation doit être si sensible, que le Seigneur Dieu lui - même, prêt à punir Tyr criminelle, menace cette ville par la voix du Prophète (*), de faire cesser dans ses murs le son des cythares et le plaisir des concerts, témoignage sacré des charmes et de la puissance de l'Harmonie. S'étonnera-t-on après cela qu'elle ait eu la vénération des peuples de tous les temps et

-----

(*) Ezechiel, 26, 13.

de toutes les contrées ? Troisième preuve de sa noblesse.

Ne peut-on pas, Messieurs, dire d'une belle voix ce qu'on dit de la beauté même, qu'elle est citoyenne de tous les pays ; qu'elle est, comme la langue de l'amour, la même pour tous les peuples, et qu'elle porte partout les marques de l'empire ? En effet, comme la beauté, une voix brillante n'est nulle part étrangère, par-tout elle a ses droits victorieux : reine des rois mêmes, elle peut parcourir l'Univers en souveraine : sous quelque ciel qu'elle se trouve, semblable à l'astre du jour, elle n'est jamais hors de son empire ; et par-tout où il est des cœurs, elle a des sujets et des autels. Tel a été chez toutes les races l'éclatant avantage de l'Harmonie. Les autres Arts, depuis leur naissance, ont vu souvent leurs honneurs interrompus, soit par les fureurs de Mars, soit par les règnes contraires aux Muses. Il a été des siècles de ténèbres, des temps léthargiques, des jours de décadence et de barbarie, pendant lesquels le Dieu du Goût étoit exilé du monde, les Lettres savantes anéanties, les Muses muettes, les Arts au tombeau sans adorateurs et sans Mécène, enfin toutes les Sciences éclipsées ou voilées dans un coin de la terre ; mais, dans cette nuit commune, jamais la Musique ne perdit ses clartés, ses rayons percèrent toujours à travers les nuages de l'ignorance ; jamais ses temples ne furent

déserts ni ses autels sans fleurs. Ecoutons les
témoins qui nous en restent dans les monumens sacrés et profanes, ils nous diront que
tous les siècles, et sur-tout les siècles polis,
ont été marqués par des honneurs constam-
ment décernés à l'Harmonie : ils nous diront
qu'elle a été recommandée par les plus sévères
Philosophes, cultivée par les plus grands
Héros, chérie dans les plus sages Républi-
ques, illustrée par les plus puissans Monarques,
la science favorite des Conquérans et des
rois : l'Egypte nous dira que le dernier de (*)
ses Ptolomées s'honora du nom dû a l'Harmonie, sur le modèle des (**) Magistrats de
Thessalie. Si nous nous arrêtons un instant
chez les Grecs, ils nous rappelleront que leur
Olympe étoit peuplé de Dieux amateurs de
l'Harmonie, que leur Parnasse, temple des
concerts parfaits, étoit présidé par le souve-
rain de la Lyre ; que les plaisirs de leur Eli-
sée étoient des concerts éternels ; que les
tourmens de leur Tartare n'étoient pas seulement un enchaînement de tortures, un
Océan de feux implacables, mais encore une
discorde de voix, une horrible confusion de
cris douloureux, une dissonnance éternelle
de gémissemens lugubres : ils nous apprendront que, dans les beaux siècles d'Athènes,

---

(*) Ptolomée Aulette.
(**) Les Proorquesties, Lucien.

il

il étoit honteux d'ignorer la Musique ; que
les Sages de l'Aréopage étoient ses Disciples ;
qu'elle étoit une des parties de la politesse
attique ; que Socrate lui-même, ce mortel
estimé des Dieux et loué par eux, apprit
de nouveau, dans sa vieillesse, à toucher le
Luth ; que quiconque vivoit sans goût pour
cet Art, étoit regardé comme un mortel stupide, qui n'avoit jamais sacrifié aux Grâces :
Ainsi dans un festin, Thémistocle, ayant
refusé de prendre la Lyre à son tour, fit
naître le préjugé d'une éducation négligée.
De cet amas de témoignages, il résulte,
je l'avoue, une preuve lumineuse et satis-
faisante ; mais c'est peu : oublions tant d'é-
loges humains, foibles crayons de la dignité
de l'Harmonie ; ne prenons que sur les autels
les guirlandes dont nous la couronnons : oui,
Messieurs, c'est sous cet aspect sacré que
j'aime sur-tout à envisager les honneurs dis-
tingués de cette Science majestueuse ; j'aime
à la voir singulièrement préférée à toutes les
autres pour parler aux Dieux, pour leur
porter l'encens du monde, pour publier leurs
grandeurs, pour désarmer leur colère. Je-
tons un regard sur toutes les Religions de
tous les temps ; ici les temples d'Isis et d'O-
siris retentissent du son des Cystres de Ca-
nope ; là, dès l'aube du jour, les Mages de
la Perse et les Ignicoles prennent leurs
Harpes d'argent pour recevoir le Soleil prêt
à sortir du sein de l'onde, pour obtenir ses

E

premiers regards , et pour adorer , dans cet Astre , le feu éternel, le radieux Oromaze , Dieu de leurs pères ; plus loin , le noir Brachmane remplit les bords du Gange des hymnes de l'Aurore. Ici les rives grecques répètent, chaque jour , le nom de Jupiter Olympien : là , les rives Hespériennes retentissent des danses guerrières et du chant des Saliens, tandis que les rivages germaniques et les échos de nos contrées répètent au loin le nom du sanguinaire Teutatès chanté par les Druïdes. Ainsi l'ont pratiqué tous les peuples ; ils chantoient, dans leurs mystères , non-seulement pour parler aux Immortels sur des tons supérieurs au langage vulgaire , mais encore pour fixer l'attention du peuple assemblé , pour pacifier les sens , pour régler les esprits par la justesse des sons , pour échauffer les cœurs, pour les préparer à la présence des Dieux. Que dis-je , cependant ? Pourquoi m'arrêter si long - temps sur les honneurs de la Musique idolâtre ? C'est à toi seule , ce n'est qu'à tes sacrés accords que je dois ma voix, Harmonie sainte du peuple choisi, toi qui portas si souvent aux pieds du Dieu d'Israël, les hommages reconnoissans de son peuple ; n'étoit-ce pas sous tes auspices que les Israélites s'avançoient au combat ? Précédés des enseignes triomphantes du Seigneur , les chantres consacrés marchoient à la tête des bataillons : unissant leurs voix sublimes aux instrumens militaires, ils imploraient les secours du Dieu des Armées, et ne durent-ils pas même un triomphe à l'Harmonie ? Josué assiége Jéricho ; ce n'est point à l'effort des armes que cette conquête est réservée ; par l'ordre suprême du Ciel, les sept premiers sacrificateurs prennent des Trompettes harmonieuses, Jéricho va périr ; les Trompettes sonnent sa ruine, ses tours chancellent ; le Seigneur parle, les murs tombent, Jéricho a été pris.

Mais franchissons le vaste intervalle des temps, hâtons-nous d'arriver aux jours de David, époque la plus magnifique des honneurs de l'Harmonie : c'est par ce roi que nous la verrons introduite dans les tabernacles du Seigneur ; elle y entre, suivie des filles de Sion, pour soutenir la majesté du lieu saint, pour augmenter la pompe des sacrifices, pour relever le spectacle de la Religion. David lui-même précède, en dansant, l'Arche auguste ; il règle ses pas légers sur les sons de sa Harpe ravissante ; dans tous ses cantiques, monumens éternels de son amour, il demande que ses accords soient mille fois répétés sur la Cythare, sur la Cymbale, sur l'Orgue, sur la Trompette ; il réveille tous les échos du Jourdain ; il invite la Nature entière à chanter son auteur, à ne faire de toutes ses voix qu'un concert de louanges, de gratitude et d'adorations unanimes. Aussi les soins et les bienfaits de

ce Prince religieux avoient - ils rendu les
Lévites les premiers Musiciens de l'Univers :
ainsi le publioit la Renommée. C'est par-là que,
pendant les jours de la captivité, les peuples
de l'Euprhate invitoient les tristes Hébreux à
leur apprendre quelques-uns de leurs airs
si vantés : mais Israël exilé ne peut chanter
loin des champs de Solyme, il ne peut que
gémir, ses Harpes en silence sont suspendues
aux saules du rivage : tel l'oiseau captif néglige son chant, ou, si son gosier s'ouvre
quelquefois, ce n'est qu'aux soupirs, sa
voix est morte aux délectables accens. Enfin,
Messieurs, parcourez toutes les pages de la
Loi antique, par-tout vous rencontrerez ou
des concerts de louanges, ou des cantiques
de victoire, ou des chants de funérailles ; il
semble qu'aucune voix mortelle n'est digne
de l'oreille du Seigneur, si elle n'est portée
au trône de la Toute-puissance sur les ailes
de l'Harmonie, au travers des nuages d'encens. Dans des sacrifices plus parfaits, la
Loi nouvelle a conservé à la Musique sa place
dans les Sanctuaires. Oui, dit l'oracle de
l'Afrique, le pasteur et l'ornement d'Hip-
pone : « Je ne puis trop approuver les chants
» dont retentissent nos temples : par ces au-
» gustes accords je me sens vivement ému,
» pénétré de cette horreur sacrée qu'inspire
» la demeure de Dieu, frappé d'un respect
» profond, saisi d'une sainte ivresse ; nou-
» veau Paul, je suis dans les Cieux, mon

» esprit est enlevé au-dessus de lui-même,
» il s'élance jusqu'au triple trône du Très-
» Haut, il se croit admis aux Concerts éter-
» nels des intelligences suprêmes, et mon
» cœur embrasé va se perdre dans le sein de
» la Divinité ».

Dans cette uniformité de suffrages acquis
à l'Harmonie, peut-il être une vénération
plus marquée, plus suivie, plus incontes-
table ? Cette gloire de l'Art a toujours ré-
jailli sur les Artistes ; souvent les favoris de
l'Harmonie furent illustrés par les couronnes,
par les lauriers, par les pompes triom-
phales, par les applaudissemens des théâtres,
par les statues érigées, par des mausolées,
par des inscriptions mémorables, par les honneurs même de l'Apothéose ; enfin, par tous
les monumens publics inventés chez les peuples divers, pour immortaliser les talens. De
là ils sont encore une nation chère et sacrée
aux mortels ; avantage souvent refusé aux
nourrissons des autres Sciences. On évite un
Sophiste, on néglige un Géomètre, on fuit
un Critique, on siffle un Chimiste, à peine
remarque-t-on un Grammairien ; on aime,
au contraire, on recherche un Elève de l'Harmonie ; il est le citoyen de toutes les contrées, l'homme de toutes les heures, l'égal
de tous les hommes de goût et de sentiment, le monde entier est sa patrie. De là
vient encore que le souvenir des Musiciens
illustres des siècles supérieurs est beaucoup

plus aimable et plus précieux à l'esprit et à l'humanité, que le souvenir des conquérans les
plus renommés; faux héros, tyrans réels, les
conquérans étoient nés pour la perte du monde,
les Musiciens illustres pour son bonheur.
Les uns, avides de funérailles, ont porté les
larmes, la discorde, la mort; les autres,
toujours bienfaisans, toujours applaudis,
ont porté par-tout la paix, la concorde, le
plaisir. La terre consternée s'est tue devant
ceux-là; par ceux-ci, la terre rassurée a retenti de sons pacifiques : les conquérans,
couronnés de sanglans lauriers, sont sortis
de la vie souvent par une fin précoce, toujours
chargés de la haine des peuples indignés,
perdus sans être pleurés; les Musiciens fameux, couronnés de myrthe et de roses,
et paisiblement expirés, ont emporté chez
les morts les regrets des Nations. Oui, le
nom d'un tendre Orphée sera toujours plus
chèrement gardé au temple de Mémoire, que
le nom d'un fougueux Alexandre.

Telle est la noblesse de la Musique, noblesse fondée sur l'antiquité de son origine,
illustrée par sa puissance suprême, confirmée par la vénération de tous les temps et
de tous les peuples; mais, aux preuves de
sa dignité, joignons celles de son utilité,
louange pour cet Art plus délicate encore que
la première.

SECONDE PARTIE.

Quand la Musique ne seroit qu'un Art enjoué, qu'une Science riante et de pur agrément, par là même ne seroit-elle pas une Science utile, un Art même nécessaire ? Car est-il rien de plus nécessaire à l'homme qu'un plaisir innocent ? Le plaisir n'est-il pas chaque jour un des besoins de l'humanité ? Mais allons à la conviction par des routes moins détournées. La République doit à l'Harmonie de plus solides bienfaits que des plaisirs infructueux. Je sais, Messieurs, que j'avance un paradoxe, disons mieux, une vérité peu développée, mais à qui il n'a manqué que l'occasion d'éclore ; osons donc l'amener à la lumière, lui donner ses couleurs, et la revêtir de toutes les preuves que la réflexion et l'expérience offrent de nous en fournir. Au reste, je ne hasarde point un sentiment isolé et sans auteurs, quand je soutiens que le mérite de la Musique ne se borne point au gracieux, et qu'il s'étend jusqu'à l'utile, je ne fais que me ranger au sentiment reçu chez la sage Antiquité. En effet, si l'importance de cet Art n'avoit été dès-lors reconnue, les Législateurs de l'Egypte, de la Perse, d'Athènes, les maîtres des Na-

tions auroient-ils fait une loi de l'Harmonie ?
S'ils n'avoient jugé sa durée nécessaire aux
destins heureux des empires, l'auroient-ils
fait marcher de front avec la Religion ?
L'auroient-ils munie de ce sceau consacré
par la main de l'immortalité même ? Ly-
curgue, en voulant former une République
de héros, auroit-il inscrit l'Harmonie dans
le livre austère des loix de Lacédémone ?
Auroit-on lu cette inscription sur la façade
de l'Ecole de Pythagore : *Loin d'ici, pro-*
fanes ; que personne ne porte ici ses pas,
s'il ignore l'Harmonie : profanes, loin d'ici.
Platon en auroit-il admis l'étude dans sa république de Sages, où d'autant de Dieux ?
Aristote, son disciple, et tant d'autres Philosophes, héros du Lycée, du Portique, du
Prytanée, du Capitole, en auroient-ils re-
commandé l'usage comme d'une Science également née pour le bien des mœurs, pour
les progrès des vertus, pour l'embellissement
des Arts, pour l'union des humains, pour
la paix du monde ? Voilà les maîtres dont
j'apprends l'utilité de l'Harmonie. Si je m'é-
gare sur les traces de ces guides illustres, il
est plus beau d'errer par cette hardiesse généreuse à dévoiler des vérités nouvelles qu'offre
un hasard heureux, que de ramper avec ces
ames foibles, ces esprits trop sages ou trop
superstitieux, ces génies serviles qui n'osent
sortir un instant du cercle des vérités éta-
blies, ni marcher dans des routes, s'ils n'y

trouvent des vestiges. Mais non, Messieurs, ce n'est point par la date ancienne de ce sentiment, ni par les grands noms de ses premiers partisans que je dois vous persuader ; sans prétendre subjuguer votre raison ni forcer votre consentement, je veux que, convaincus par vos lumières, vous vous rendiez vous-mêmes à l'évidence.

Nous pouvons envisager la République sous deux rapports, et comme un état politique, et comme un état littéraire. Une science, pour mériter le nom d'utile, doit également contribuer au bonheur du premier et à l'embellissement du second ; elle doit, pour le bonheur de la République politique, épurer, polir les mœurs ; adoucir, rectifier les passions ; unir, associer les esprits des citoyens ; elle doit, pour la gloire de la République littéraire, enrichir, aider, embellir les Arts savans : or, peut-on contester à l'Harmonie ce double titre ? Utile aux mœurs qu'elle purifie, utile à l'union des esprits, elle est conséquemment utile à la République politique ; utile aux doctes Arts qu'elle embellit, elle est utile conséquemment à la République littéraire.

Si le pouvoir des accords seul est si grand sur les cœurs, quelle puissance ne doivent point avoir sur les mœurs, des préceptes embellis par ces mêmes accords, vivifiés par leur charme inexprimable ? Car tel fut toujours, et tel doit être encore le but de

E 5

la sublime Harmonie. Dans ses vrais caractères, elle est une Science instructive, mais plus enjouée que les autres Sciences ; elle est une Philosophie aimable, mais plus précise, plus efficace, plus agissante que les autres Philosophies ; elle est une morale vertueuse, mais moins glacée, moins aride, moins pesante que celle des Zénon et des Chrysippes, mieux apprêtée, plus mesurée à nos foiblesses, plus appropriée au goût de l'humanité. Ainsi le pensoient les premiers Sages, les Rois philosophes et les premiers Législateurs des monarchies antiques ; ils avoient étudié l'homme, ils l'avoient vu dès-lors tel que nous le voyons encore aujourd'hui. L'esprit humain, né libre, et peut-être rebelle, ne souffre des maîtres qu'à regret : impatient de tout joug, honteux d'avouer ses ténèbres, jaloux de son indépendance naturelle, sur-tout dans ses opinions, il ne se plie qu'avec peine aux préceptes d'autrui, il ne consent point volontiers qu'une autorité étrangère règne sur ses sentimens : dans quel dédale d'illusions et de prestiges ne va-t-il pas s'engager, s'il marche *indéfendu*, si la raison, telle qu'Ariane, ne lui offre le fil secourable ? Que d'écueils ! que de précipices, entr'ouverts autour de lui, vont l'engloutir, s'il est laissé à lui-même, s'il vogue sans pilote et sans boussole, sans phare et sans étoiles ! Il faut donc lui trouver un maître ingénieux qui n'affecte point l'air

de maître, qui n'en prenne jamais les tons
altiers ; qui , par des chemins détournés et
couverts , vienne réformer ses idées, sans ré-
volter sa délicatesse ; qui sache l'intéresser ,
lui présenter le devoir sous l'air du plaisir,
le mener au vrai par des sentiers fleuris , et
le tromper enfin au profit de sa raison. Telles
étoient les vues politiques , les ressorts dé-
licats et les égards ingénieux des Sages dont
j'ai parlé. Or , ce Prothée habile , ce maître
aimable des mœurs , ils crurent l'avoir trouvé
dans l'Art chéri dont je vous offre l'image.
Dès-lors , les prêtresses de l'Harmonie chan-
tèrent sur le ton majestueux du mode do-
rique , le culte des Dieux , les nobles sentimens , le respect des loix , l'amour de la
Patrie , le mépris de la mort et l'immortalité. Ainsi la leçon passa dans les ames à la
faveur de l'agrément ; le plaisir de l'oreille
devint le maître du cœur et de ses jeux , l'esprit remporta la connoissance du vrai, et l'em-
preinte des vertus.

Ton but seroit-il donc changé , héroïque
Harmonie ? Pourquoi ne pourrois - tu plus
sur les mœurs ce que tu pouvois autrefois
sur elles ? Mais ce doute t'est injurieux ; dans
la licence même de nos jours , tu gardes
encore tes droits souverains, tu viens ré-
pandre encore tes clartés , tu sais instruire
et toucher : ici, tu célèbres les vertus tranquilles du citoyen ; la, les vertus éclatantes
du héros ; ici, tu chantes l'innocence cou-

ronnée ; là, le crime foudroyé ; ici, tu viens réveiller l'oisive indolence des grands endormis sur les roses, jusques dans les bras de la molle volupté, tu viens leur apprendre des vérités qu'ils n'aiment point à lire ; l'amour de tes agrémens leur fait regagner ce que le dégoût de la lecture leur fait perdre d'instructions ; ici, tu attires l'impie dans les temples saints : oui, l'impie même, son oreille fermée aux autres préceptes, peut encore s'ouvrir à tes sons pénétrans ; là, tantôt par tes foudroyans accords, troublant les airs effrayés, tu frappes, tu intimides, tu consternes le profanateur, tu lui peins un Dieu vivant, terrible, inévitable, qui descend la flamme à la main, porté sur les ailes des tempêtes, précédé des tonnerres exterminateurs, et suivi par l'ange de la mort. Dans tes sons menaçans, l'impie doit entendre la marche formidable de son juge, le bruit de son char de feu, la chute des torrens enflammés, l'horreur du noir abîme, l'arrêt irrévocable ; tantôt, par des symphonies plus douces et plus consolantes, tu suspens son effroi, tu lui rends la confiance ; tu lui peins dans un nuage de fleurs le Dieu de la clémence prêt à pardonner, si l'impie sait gémir, et, la cendre sur la tête, éteindre dans ses larmes les feux de l'éternelle vengeance. En dis-je trop, Messieurs ? N'avez-vous pas souvent éprouvé vous-mêmes les grands sentimens que l'Harmonie sait produire dans les

Sanctuaires, et ce pouvoir qu'elle a sur les esprits et sur les mœurs?

Doutera-t-on qu'elle sache éclairer, ennoblir, élever l'esprit? Ignore-t-on que les élèves de Zoroastre commençoient la journée par un concert harmonieux? Ils vouloient par-là préparer l'ame à contempler la vérité, persuadés que par les mouvemens doux et mesurés de la Musique, l'ame, retirée en elle-même, entroit dans cette égalité, dans ce silence des sens, et dans cet équilibre parfait que demandent les spéculations épurées, et qu'ainsi affranchie des obstacles de la matière et de la chaîne des passions, elle s'élançait sur des ailes plus rapides au temple du vrai, au commerce des intelligences éthérées, à la confidence des Dieux. Ces mêmes Sages terminoient la journée au son des flûtes douces et des airs Lydiens, pour ramener l'esprit égaré pendant le jour sur des objets étrangers, pour mieux l'apprêter aux faveurs du Dieu des pavots, et pour appeler le paisible silence et les songes rians.

Doutera-t-on que la Musique sache calmer les passions violentes? Les annales de l'Histoire et les fastes de la Poésie nous montreront par elle la rage désarmée, la fureur fléchie, la sédition étouffée, la colère ralentie, l'audace réprimée, l'impétuosité d'Achille tempérée par la Lyre; et les pages saintes nous peindront souvent le perfide Saül ramené des fougues infernales par les accords du jeune pasteur de Sion ; attirée du Ciel par l'Harmonie, la paix descendoit dans le cœur de ce prince jaloux. Est-il, Messieurs, est-il aucune autre Science profane si maîtresse des mœurs ? Car enfin, levons le bandeau du préjugé et de l'éducation, prenons des yeux un peu philosophiques ; éclairons-nous sur le vrai prix de ces sciences servilement adorées du peuple lettré; n'outrons rien, mais aussi osons ne rien taire, osons nous munir d'un sage pyrrhonisme, et par une idolâtrie littéraire indigne du vrai goût, ne fléchissons point le genou devant ces vaines idoles qui peut-être ne doivent avoir des autels que chez la prévention crédule et le superstitieux vulgaire. Répondez donc, vous, leurs adorateurs scrupuleux, rendez compte de votre culte, parlez ; que sert aux mœurs la profane éloquence ? Enchanteresse des sens, elle excite un bruit brillant dont l'oreille est flattée, mais que le vent emporte bientôt, et dont rien ne va jusqu'au cœur : semblable à ces feux légers, à ces flammes volantes et dociles que l'art industrieux décrit dans les airs ; feux qui, dans un même instant, naissent, brillent et s'évanouissent : Science spécieuse et trop stérile qui donne à la République de plus opiniâtres parleurs, sans lui donner de meilleurs citoyens.

Que servent aux mœurs tous ces Arts que nous devons à l'oisiveté des prêtres de l'Egypte, l'exacte Géométrie, l'audacieuse Astronomie, la profonde Algèbre ? Tandis que l'esprit s'ensevelit dans les calculs, ou s'égare dans les Cieux, ou s'abîme dans les sombres méditations, qu'en revient-il aux vertus ? Sciences trop indifférentes, qui donnent tout à la spéculation, peu au sentiment, rien à l'homme.

Que sert aux mœurs l'étude de la Grammaire et des Langues, ou plutôt la science des syllabes ? Tandis qu'elle plonge la mémoire dans un chaos de paroles, le cœur oisif reste dans un vuide honteux : Science superficielle et beaucoup trop puérile, qui nous apprend à nommer les vertus, sans nous apprendre à les acquérir.

Que sert aux mœurs l'étude vantée de l'Histoire ? que nous conserve-t-elle ? Le dénombrement des erreurs de tous les temps, la liste des malheurs illustres, des crimes heureux, des passions travesties en vertus ; honteuses archives, tristes monumens de l'humaine folie ! Là, que trouvons-nous ? Les caprices des Peuples, les fautes des rois, les révolutions, les décadences, l'empire antique de l'opinion et de l'intérêt, le règne du hasard, le long tableau de toutes les misères de nos aïeux, tableau funeste, scène déplorable, que le voile de l'éternel oubli devroit plutôt dérober à jamais aux regards de la postérité : Science de l'Histoire, Science souvent désolante, qui présente plus de coupales exemples à fuir, que de vertueux modèles à suivre.

Enfin, que sert aux mœurs ce petit talent de thèses et de sophismes qui se donne le nom de Philosophie ; chimères surannées, systèmes vagues, captieuses fadaises, erreurs plus ou moins heureuses, guerre de raisonnement où la raison reste neutre, labyrinthe où la vérité s'égare sans se retrouver ; voilà tout l'art : Science futile et méprisée, ou plutôt ignorance travestie qui s'adore et s'encense elle-même, et perd à disputer le temps de penser et de sentir.

Telles sont pourtant, telles sont les Sciences prétendues dont on occupe nos plus beaux jours. O perte irréparable, perte trop peu regrettée ! Que d'heures charmantes immolées à l'ennui et à l'inutilité ! C'est acheter bien cher des erreurs ! O trop courte jeunesse ! O jours charmans ! Que n'êtes-vous plutôt consacrés à la culture du cœur, à l'étude du vrai bien, à l'embellissement des mœurs, qu'aux minuties classiques ou à d'autres arts qui seroient inutiles, si l'on savoit encore n'étudier que la simple Nature, n'entendre que son langage et n'estimer que ses loix. Oui, Messieurs, et je ne puis trahir ma franchise ; mais suivez sans écart le fil de ma pensée : que l'éloquence judiciaire soit utile à l'explication des loix et aux divers intérêts des Peuples ; que les Laugnes soient utiles aux Voyages ; que l'Astronomie soit utile à la Navigation, la

Géographie à l'art militaire, la Géométrie aux fortifications, la Science des nombres au Commerce, la Botanique au soulagement des maux ; que l'étude de l'Histoire soit utile à notre curiosité, l'étude de la Politique à l'art de gouverner, l'étude de la Logique au talent prétendu de raisonner, j'en conviendrai avec vous, mais aussi vous conviendrez avec moi que l'utilité de ces Sciences tombe rarement sur le fond des mœurs ; que ces Sciences sont étrangères à l'homme, agréables peut-être à son esprit, mais inutiles à son cœur ; que l'Harmonie seule jouit d'un pouvoir beaucoup plus personnel et plus marqué sur un cœur, qu'elle en sait manier tous les replis, qu'elle en sait faire jouer les ressorts les plus secrets, et que des sens charmés elle passe aux sentimens, preuve invincible de ses avantages. Elle est donc utile en particulier aux mœurs de chaque citoyen. Ce n'est point tout, elle est encore utile en général à la sécurité et au bonheur du corps entier de la République politique.

L'union des citoyens est la base des trônes, le sceau des monarchies, l'appui des diadèmes. Les plus fermes empires, avant d'être renversés par les guerres étrangères, avoient été d'abord ébranlés par les guerres intestines, par les troubles anarchiques, par les discordes civiles ; aidés dans leur chute par ceux-mêmes qui devoient en être les soutiens et les boulevards. Non, la patrie n'a point d'ennemis plus funestes que des citoyens divisés ; mais est-il une égide plus impénétrable aux traits de la dissension que la tranquille Harmonie ? L'olive à la main, la Paix la précède, l'Amitié la conduit, le Plaisir marche à ses côtés, la Concorde la suit, les cœurs conquis volent en foule autour d'elle. N'est-ce point elle qui unit les citoyens par d'aimables nœuds, qui les assortit, qui les égale, qui les range sous les loix d'une charmante société ? Chez elle tout est calme, tout est ami, tout agit d'intelligence ; chez elle on n'entend ni la voix de la discorde, ni les rumeurs populaires, ni le tumulte importun de l'école, ni les hurlemens effrénés des bancs, ni les clameurs des tribunaux, mais seulement les agréables accords, les acclamations favorables, les doux applaudissemens. L'Harmonie alluma-t-elle jamais ces feux funestes à l'Etat, ces incendies, ces guerres d'opinions, de prestiges, d'erreurs : ces dissensions sophistiques pour réaliser des chimères, ces schismes littéraires formés plutôt pour combattre la vérité que pour la défendre, ces querelles d'une secte armée contre l'autre sous différens drapeaux ; ces divisions, ces haines, monstres nés dans le sein des autres Sciences ? De leur sein il s'est élevé souvent des citoyens turbulens, inquiets, pernicieux, que la discorde, la révolte, le faux zèle, avoient nourris dans les ténèbres des solitudes, et qui n'ont paru

dans l'Univers que pour en troubler la paix.
Mais l'Histoire, ce témoin fidèle des temps,
reproche - t - elle aucun de ces forfaits à la
Science pacifique que je vante ? Quel siècle ,
quelle contrée se plaignit jamais d'elle ? De
quel sang fut-elle jamais teinte ? Ses élèves,
loin d'être jamais des citoyens dangereux,
n'eurent-ils point toujours ce caractère facile, sociable et poli, né pour les douces
liaisons ? Caractère si nécessaire à la tran-
quillité de la République, caractère que les
Sciences graves ne donnent point, qu'elles
ôtent même souvent. Quelle étrange différence de mœurs entre le peuple savant et les
amans de l'Harmonie ! Pénétrons dans ces
réduits ténébreux, dont les ennuis gardent
l'entrée, dans ces autres inaccessibles aux
ris, où règnent, loin du jour et dans le silence, l'immobile et morne savoir. Là, j'ap-
perçois des hommes atrabilaires, hagards ;
intraitables, des fronts ridés , chargés d'épais
nuages, couverts d'un deuil éternel; des mi-
santhropes rêveurs , malheureux par choix ,
folles victimes des veilles cruelles, martyrs
d'un système inutile au bonheur, vieillis dans
un chaos de rêveries, brouillés pour toujours
avec les Grâces; des écrivains glacés et pe-
sans , foibles échos de l'antiquité, ensevelis
dans un amas confus de notions vagues, mais
privés du vrai goût , nécessairement incapables des délicatesses de l'esprit , des feux
du génie , des finesses de l'art. Que je les

tire de ces lugubres tannières pour les trans-
porter un moment dans le commerce de la
vie, et dans les devoirs du citoyen : décon-
certés, interdits, distraits, presque absens,
ils tombent à chaque pas; à chaque instant,
ils choquent les bienséances, ils manquent
les égards, ils blessent les convenances ; bientôt enfin, ennuyeux et ennuyés, incapables
d'un doux commerce, ils fuient, ils re-
tournent aux obscurs Lycophrons et aux mé-
lancoliques Saumaises ; déjà ils sont rentrés
dans la poussière grecque et latine, leur
unique élément. Semblables à ces oiseaux noc-
turnes et funèbres qui vivent ensevelis loin
de la lumière, et loin du commerce des autres
oiseaux : voilà sans doute des citoyens bien
utiles à la République, à la Patrie, à leur
siècle ! Par leur utilité, jugez de celle des
Sciences qu'ils adorent. Grand Dieu ! quelle
société uniroit l'Univers, si tous les hommes
étoient des Savans ! Une vie pareille n'est-
elle point une espèce de néant ? Mais fuyons
ces voûtes ténébreuses sous lesquelles nous
nous sommes trop long-temps arrêtés; entrons
maintenant sous ces portiques gracieux, sous
ces berceaux de verdure, où, par de charmantes voix, l'Harmonie nous appelle : ici,
tout enchante les regards; je n'y vois que
des fronts ouverts à l'allégresse, que des
yeux rians et sincères, que des esprits cultivés, ornés, enrichis des plus brillantes
idées de la Poésie et de la Fable ; que de

vrais citoyens, aimables et aimés, officieux et reconnoissans, unis et heureux. Là, règnent dans les doux loisirs la sympathie, l'amitié, les amours ; là, le premier mérite est d'être aimable, la première science est d'être heureux, et les talens ne sont rien, s'ils ne vont au plaisir, à l'union, au bonheur.

Prévenons une objection que la critique me prépare sans doute : « La Musique, dira-» t-on, n'est qu'une Science molle, un art » efféminé, propre seulement à énerver les » cœurs, à en amortir le beau feu, à éteindre » les courages. » Eh quoi ! si telle étoit la foiblesse de cet art, Mars, le Dieu des grands cœurs, auroit-il, de tout temps, placé sur son char l'Harmonie à côté de la Victoire ? N'auroit-il point retranché, dès long-temps, les Symphonies militaires des combats, ces sons semblables au tonnerre, ce bruit de la trompette et du clairon, ces airs du fifre et du hautbois, ces tons du tambour et des tymbales éclatantes ? s'il n'avoit toujours reconnu dans l'antiquité guerrière, et chez toutes les Nations magnanimes, que ce concert martial est l'ame de la guerre ; que ce mélange de sons mâles et vigoureux que forme l'airain mugissant, élève les esprits, qu'il échauffe les cœurs ; qu'il enhardit les lâches, qu'il enflamme les braves, qu'il dérobe le bruit formidable de ces machines terribles qui vomissent la foudre et la mort ; qu'il cache les sifflemens des javelots, les clameurs confuses, les plaintes des mourans ; qu'il empêche la consternation et les terreurs ; que de la déroute il rappelle à la charge ; qu'enfin ces fanfares guerrières allument une chaleur héroïque dans tous les rangs ; qu'elles égaient le théâtre de la fureur, qu'elles embellissent la mort même. Les Spartiates, en ordre de bataille, le front ceint de fleurs, la lance levée, marchoient au combat comme à une fête, au son de l'hymne de Castor ; un Chœur de flûtes, conduit par Tyrtée, régloit la marche de cette armée de héros, l'élite de la Grèce. Selon les loix de la Patrie, chaque Guerrier étoit obligé de suivre les accords des flûtes, de les marquer d'un pied ferme, et de faire répondre à chaque mesure chacun de ses pas intrépides. Par - là, les chefs des phalanges pouvoient aisément reconnoître s'il étoit parmi leurs soldats quelque lâche qu'il fallût retrancher des rangs, s'il étoit quelque cœur timide à qui l'épouvante fît manquer la cadence, et qui ne s'avançât point à la mort d'un pas égal : de ce même secours naissoit une valeur réglée, plus efficace qu'une folle fureur. Maintenant qu'on dise encore que l'Harmonie énerve les courages, qu'elle n'est d'aucune utilité ; tandis que Mars avoue que, sans elle, il compteroit moins de héros, la société moins d'esprits aimables, la République politique moins d'utiles et de vrais citoyens. Achevons ce

portrait, et voyons rapidement en quoi la
Musique est utile à la République littéraire :
elle en sut toujours enrichir, aider, embellir
les Arts.

Je traverse la nuit obcure des âges, je
remonte à l'origine des plus beaux Arts
littéraires ; je les vois comme autant de ruisseaux différens, prendre leur source dans la
féconde Harmonie. Dans l'ordre des temps,
la Poésie, la première, s'offre à mes regards ;
les Vers naquirent du chant. D'abord la voix
forma des sons, la réflexion y joignit ensuite
des paroles arrangées, et mesura des Vers
aux modulations naturelles du gosier ; nulle
Poésie pour lors sans Musique ; et si, depuis,
la Poésie marche souvent seule, elle porte
cependant toujours un air ineffaçable de proxi-
mité des convenances marquées, des traits
parlans qui la font reconnoître pour la fille
de l'Harmonie. N'a - t - elle point toujours
gardé des symboles et des attributs qui lui
sont communs avec la Déesse des accords ?
Trompette de Virgile et du Tasse, Lyre
d'Horace et de Malherbe, Luth d'Anacréon
et de Chapelle, Pipeaux de Théocrite et de
Segrais ? Pourquoi la Poésie transporteroit-
elle tous ces noms divers d'instrumens aux
divers génies de son Art, si elle n'aimoit à
ressembler toujours à l'Harmonie dont elle
est émanée, sûre de mieux plaire par cette
gracieuse ressemblance ? De là ses rimes so-
nores, ses tons lyriques, ses repos réglés,

tout ce langage harmonieux qui caractérise les beaux Vers, qui échauffe l'Ode héroïque, qui élève la majestueuse Epopée, qui anime la riante Eglogue, qui nous intéresse aux soupirs de la tendre Elégie, qui sait enfin passionner, émouvoir, enchanter.

Je t'entends, noble Melpomène, remplie de gratitude pour l'Harmonie, tu te plais à nous raconter comment tu lui dois aussi l'origine et les progrès de ton Art : des chansons consacrées au Dieu de l'Automne, tu vis éclorre la Tragédie : quand ensuite des fêtes tumultueuses des campagnes et des chariots de Thespis, tu la vis passer au sein des Villes et devenir un spectacle sérieux et régulier ; ne vis-tu pas aussi monter la Musique avec elle sur les Théâtres de la Grèce, et par les Chœurs chantans, partager avec la Tragédie grecque l'empire des Spectacles, et les suffrages de l'Attique ? Si l'ancienne Tragédie Romaine mérite quelqu'un de nos regards (car les Romains, ces maîtres du monde, ne le furent jamais de la Scène), ne la verrons-nous pas aussi décorée et soutenue par l'Harmonie ? Nous en avons (*) plus d'un témoignage chez le Prince de l'éloquence latine.

Outre l'Art pompeux du Cothurne embelli par l'Harmonie, que n'ai-je le temps

---

(*) Cic. in Orat. ad M. B. Tuscul. lib. 1. Leg. 1. 2.

de vous détailler tout ce que l'art de la riante Thalie dut autrefois au secours des flûtes Tyriennes, sans l'accompagnement desquelles le célèbre Roscius ne joua jamais. Si je me fixois sur des preuves spécieuses, ne pourrois-je pas dire avec Quintilien (*), que l'Art de l'éloquence parfaite n'est donné à aucun Orateur, s'il ignore la Musique ; que sans elle il ne peut connoître ni employer ce nombre, cette gracieuse *Euphonie*, mère de la persuasion, ce mélange de sons diserts et nerveux, ces chutes harmonieuses, ces silences ménagés, ces reprises énergiques, ces suspensions étudiées, ces gestes pleins d'expression ; cette décence de mouvemens, ces tours pathétiques et pénétrans qui éveillent l'esprit de l'Auditeur, qui fixent l'attention, qui enlèvent le consentement et le suffrage ; enfin, ce talent de l'insinuation, ce tout ensemble qui fait les Démosthènes et les Patrus.

Mais tandis que je parle, quel subit enchantement transporte mon génie, et plonge mes sens dans une délicieuse ivresse ? Je marche sur les rives de la Seine ; est-ce le palais des Fées ou le temple de Vénus qui s'ouvre à mes yeux ? Une puissance magique a décoré cette Scène pompeuse ; mais quel nouveau plaisir interrompt déjà celui de mes yeux, et tient mon oreille captive ! Quelle Symphonie

---

(*) Cic. Lib. 2. 6. 9.

F

ravissante vient de commencer! Que de mains savantes et légères prennent un essor unanime! A ces brillantes consonnances, je reconnois le temple de l'Harmonie. Ici rassemblés, les Génies de tous les Arts s'empressent à parer leur aimable Souveraine : à ses ordres tout se produit à l'instant; Ruisseaux et Torrens, Déserts et Bergeries, Hameaux et Palais, Trônes et Tombeaux, les Cieux et les Enfers : à la voix de la Déesse tout se rend ici, les Vents obéissent, les Euménides paroissent, les Ombres sont évoquées, tous les Génies, tous les Dieux sont ses Ministres.

Cependant, quels douloureux accens viennent pénétrer mon ame ? O douleur! ô tendresse! Là, c'est la généreuse Alceste prête à descendre au noir rivage ; c'est Alcyone plus éplorée, elle redemande son cher Céyx aux ondes cruelles ; ici, c'est le triste Atis coupable malgré lui, il pleure l'infortunée Sangaride ; c'est Armide abandonnée, elle appelle un Héros fugitif encore aimé, quoiqu'infidèle : ce sont les illustres malheureux de tous les âges qui repassent les funèbres bords pour demander nos larmes; ils chantent, je sens leurs peines; ils soupirent, je suis attendri. Raison critique, vraisemblance sévère, en vain vous soulevez-vous contre mon plaisir; en vain me prouvez-vous qu'il n'est point dans la Nature que les Héros métamorphosés en Amphions, et que les Héroïnes transformées en Sirènes viennent chanter leurs infortunes, chanter leur mort même, languir, tomber, expirer en chantant; j'en conviendrai : mais si mon plaisir est sûr, malgré les règles violées ; si mes sens en sont plus délicieusement flattés ; si ce qui manque à la justesse est remplacé par le sentiment; je n'entends plus la voix de la froide réflexion : l'esprit dit ce qui devroit plaire, le cœur décide toujours mieux en sentant ce qui plaît.

Après tout, si nous étudions la Nature, ne trouverons - nous pas même sur la scène chantante plus de fidélité aux convenances, que sur les Théâtres tragiques où l'on prête aux Héros pour langage une Poésie déclamée ? L'Harmonie ne sut-elle pas toujours, beaucoup mieux que la simple déclamation, imiter les vrais sons de la plainte, les vrais tons des passions, les profonds soupirs, les sanglots, les éclats douloureux, les tendres langueurs, les gémissemens entrecoupés, les inflexions pathétiques, toute l'énergie du cœur ? Des plaintes chantées sont plus sûres de nos larmes, et les tendres sentimens rendus par l'Harmonie en sont plus tendres de moitié. C'est encore dans ce temple que cette Déesse puissante, rivale de la Nature, sait exprimer, personnifier, articuler tout, et même sans le secours des paroles; non, ni le pinçeau des Apelles, ni le ciseau de Phidias, ni le burin des Alcimédons, ni l'aiguille de Mi-

F 2

nerve elle-même, ne donneroit jamais à leurs imitations cette âme, cette expresion, cette vie que la Musique sait donner à ce qu'elle veut caractériser. Dans ses Symphonies je trouve toute la nature, je la sens dans l'impression subite des sons, impression plus prompte que les regards, plus rapide que la pensée. Tantôt c'est le tumulte d'un combat qu'elle veut imiter; je crois entendre le rugissement de l'airain, le choc du sanglant acier, la grêle des flêches, les lamentables cris, la tonnante voix de la mort qui vole de rang en rang. Tantôt c'est une noire tempête, c'est un triste naufrage; j'en reconnois l'horreur et le courroux ; j'entends les vagues bondissantes; l'air gronde, la foudre éclate, le jour se change en sombre nuit, les vents sifflent, la mer mugit au loin, la terre tremblante lui répond. Ici quelle Ombre sort du tombeau? L'Averne est ouvert; à travers les lueurs de la profonde nuit je crois entendre les lugubres regrets des Ombres plaintives, le bruit des chaînes vengeresses, le cours des noirs torrens. Là, ce sont les antres du Dieu du feu; j'entends l'enclume gémissante sous les coups des Cyclopes enflammés. Ici le sommeil verse ses pavots, un Héros est endormi ; à l'aide des accords, je lis dans ses pensées ; je devine ses songes affreux ou rians, furieux ou tranquilles.

Ainsi, brillante Harmonie, par ton magique pouvoir je trouve des rapports mar-

qués de vives ressemblances, de la vérité
dans tout ce que tu veux imiter de la Nature :
je crois présent tout ce que tu peins, les silences mêmes ont leur expression et leur éloquence. En vain la peinture t'opposeroit ses
productions, elle nous trace un combat, un
naufrage, un spectacle douloureux ; les yeux
admirent, le cœur ignore le plaisir des yeux.
Pour toi, à ton gré, tu verses successivement
dans les ames l'effroi ou la douce assurance,
la haine ou l'amour, l'horreur ou la compas-
sion, la consternation ou l'allégresse, et toujours la tendresse et la volupté.

Mais je vois Terpsicore, ta fille chérie,
s'avancer à ta suite d'un pas léger, dirigé par
tes sons ; ses yeux allégoriques sont une
Poésie muette, ses attitudes une peinture
vivante et mobile, une image fidelle des sentimens et des passions ; rivale de l'Histoire
même, elle raconte aux yeux (*) les faits hé-
roiques, elle exprime aux regards le génie
des Nations ; tous les caractères sont peints
dans ses pas. Ici, dans ses pas précipités,
inégaux, égarés, je reconnois la colère, l'in-
dignation, le désespoir ; là, dans ses mouvemens interrompus et négligés, je vois la
mollesse, la volupté, la langueur : ici, dans la
finesse de ses balancemens, dans la justesse

____

(*) Les Ballets.

F 3

de son équilibre, dans le choc de ses pas brillans, je distingue l'enjouement des Grâces et la légèreté des Plaisirs ; là dans un Dédale de sauts agiles et retentissans, je reconnois l'allégresse rustique et les danses de l'Automne. Enfin, la danse elle-même, qui, au premier coup-d'œil, ne paroît qu'un plaisir, cache aussi d'utiles leçons : aussi autrefois les sages Citoyens de Sparte, pour inspirer aux enfans l'horreur de l'intempérance, faisoient danser à leurs yeux des esclaves énivrés.

Non, le printemps n'a pas plus de fleurs que l'Harmonie a de façons de charmer et d'instruire ; mais cédez, Muses étrangères : jamais ni les échos d'Albion, ni les antres d'Hercini, ni les rives de l'Ebre et du Tage ne répétèrent des accords si parfaits que ceux dont nos contrées retentissent depuis dix lustres : si l'Ausonie nous offre une rivale, sans la proscrire tristement, sans la préférer follement, fuyant tout extrême, enrichissons-nous de ses beautés. Que l'Harmonie du Tibre et de l'Eridan enchante la Seine ; qu'elle joigne ses Symphonies charmantes à notre chant ; et si, pour le sublime de l'Art, nous écoutons quelquefois ses leçons, que pour le gracieux de la belle nature, elle consulte souvent l'Harmonie de nos bords : celle-ci toujours simple, toujours vraie, ne trouve point la beauté où règne l'affectaton, ni la tendresse où règne l'art. Le cœur est son guide : tantôt bergère naïve, sur un lit de violettes, au son de flûtes (*) champêtres, elle célèbre ou l'Amante d'Endymion, ou les charmes de Galatée, ou les malheurs de Syrinx. Tantôt Amazone légère, armée du carquois, elle perce la profondeur des forêts, et traînant les Rois mêmes à sa suite, au son bruyant du cor, elle chante l'art de Céphale, et les filets que l'Amour tend aux Belles parmi ceux que Diane tend aux hôtes des bois. Ici, sous l'habit galant d'Erigone, un Thyrse à la main, le front couronné de pampres. accompagnée du Dieu des Vendanges, porté par les Zéphirs, suivi de Silène et des Faunes amoureux, elle vient embellir les fêtes de l'Automne. De là, Muse paisible, elle revient au sein des Villes, pour y faire avec Comus le plaisir des hivers : elle y chante tour-à-tour les malheurs (**) d'Adonis, d'Orphée, d'Actéon ; les regrets d'Amymone, d'Héro, d'Ariane ; les fureurs de Circé ; souvent même Néréide badine, elle assemble sa Cour sur les eaux, elle y chante le berceau de Vénus et des Grâces naissantes ; elle retient dans ses voiles flottantes les Aquilons enchantés, elle sait égayer les lenteurs d'une ennuyeuse navigation.

Vous prévenez, Messieurs, ce qui me reste à dire, déjà sans doute vous songez à ces chansons fines, élégantes et fleuries, l'orne-

---

(*) Les Pastorales.
(* *) Les Cantates.

ment le plus décidé de notre Poésie ; à ces
airs ingénieux dictés par les Grâces, notés par
les Lambert et les Mouret, images délicates,
dans lesquelles se peint, mieux qu'ailleurs, la
supériorité du goût françois, et ce génie vif,
ami du badinage gracieux, ennemi de tout ce
qui porte l'air du travail. C'est ici que l'Harmonie fait paroître avec le plus d'avantage la
légèreté et les agrémens d'une voix brillante ;
soit qu'elle lui donne à chanter les triomphes
des Héros de Bacchus ou leur mausolée, soit
qu'elle lui fasse exprimer et imiter dans ses
tons variés les changemens du Dieu d'Idalie,
qui tantôt, Zéphir badin, se cache dans les
fleurs ; tantôt, Moucheron léger, voltige autour de la tonne, ou se met à la nage sur une
liqueur vermeille ; tantôt, Papillon folâtre,
à peine arrivé où le Printemps l'appelle, s'en-
vôle et ne revient pas : soit qu'elle lui ap-
prenne à exprimer ou les soupirs d'une
Tourterelle solitaire et peu consolée, ou le
bourdonnement enchanteur d'une jeune
Abeille, ou les erreurs d'un Zéphir volage,
ou les regrets d'une rose abandonnée et flé-
trie de douleur, ou la marche bruyante d'un
torrent impétueux, qui bondit, écume, et
n'est déjà plus, ou la chûte et les cascades
d'un ruisseau naissant, et le murmure agréablement sourd de son onde errante, ou la
molle langueur d'un doux sommeil : soit
enfin qu'après avoir fait nager la voix sur le
sein des vastes mers, ou l'avoir fait descendre

au centre des profonds enfers , l'Harmonie la transporte sur l'aîle des Aigles rapides , au dessus du tonnerre , des tourbillons , des feux étincelans , des plaines liquides , des vents déchaînés , et du jour changé en nuit.

Voix charmante , voix toujours chère à mon cœur , toujours présente à mes pensées , que ne puis - je t'entendre toujours ? Que j'aime tes langueurs , tes chûtes , tes éclats ! Quelle Muse pourroit dignement louer tes sons ravissans , toujours agréablement mélangés , leur symmétrie , leur alliance , leurs divorces , leur économie ? Tu verses la volupté dans mon ame. Non, qu'on ne pense point avoir assez dit pour te vanter , en comparant tes accords à ceux de Philomèle. Toujours uniforme, le Rossignol n'a que les mêmes sons inarticulés , sons sans expression , sans ame et sans vie ; il sait plaire , il ne peut toucher ni passionner , incapable de ses inflexions pénétrantes et de cette variété d'accords que tu sais conduire avec tant d'art; toujours différente de toi-même et toujours belle , chacun de tes sons est un sentiment. Oui , c'est du gosier harmonieux d'une Belle, plutôt que de la bouche de l'Eloquence , que la peinture doit faire sortir ces chaînes dorées qui captivent les sens. La voix achève sur les cœurs ce que la beauté a commencé sur eux , et par ses grâces elle tient souvent lieu de la beauté.

La chanson même (qui le croiroit ?), la

chanson a été et sera toujours encore un art utile à la République littéraire. C'est elle qui, alliant ses accords aux traits fins du Dieu de la Satyre, purge l'Empire des Lettres de tous les intrus qui s'y glissent sans aveu. C'est elle qui venge le Dieu du Goût ; c'est elle qui flétrit, frappe, terrasse les génies débiles et manqués, les versificateurs sans poésie, les prosateurs gothiques, les vils copistes, les ignobles plagiaires ; toute cette populace rampante d'imitateurs stériles, d'échos fatigans, d'insectes classiques, d'écrivains subalternes et d'ennuyeux compilateurs, l'opprobre et le rebut de la belle Littérature.

A tant de titres, Messieurs, la Musique n'auroit-elle point le droit de paroître au rang des Arts utiles et des Sciences avantageuses à la République ? Est-il quelqu'un qui lui refuse encore son suffrage ? Non : je vois son triomphe marqué sur vos fronts unanimes, et je lis la conviction écrite dans tous les yeux. Pour ne rien taire cependant, pour ne rien farder, j'en ferai l'aveu : je sais que la dépravation a souvent abusé de cette Science, qu'elle l'a profanée, avilie, dégradée aux dépens de la vertu, au profit de la séduction, à la honte des mœurs, je sais qu'on lui a souvent fait renouveler les fêtes obcènes de Sibaris et de Caprée, et les naufrages causés jadis dans les mers Thyrréniennes par la voix perfide des filles d'Achéloüs : mais un tel abus n'est-il point pour cet Art un malheur plutôt qu'un crime? Héroïque dans son origine, vertueuse dans son but, la Musique sera-t-elle condamnée, parce que la licence la transporte quelquefois à des usages suborneurs et pervers ? Tous nos Arts ne seroient-ils point proscrits, si l'on proscrivoit tout ce dont on abuse ? Souvent on viole les loix de la Jurisprudence, faut-il donc pour toujours fermer les temples de Thémis ? Souvent les mers sont couvertes de naufrages, faut-il livrer aux flammes tous les vaisseaux que renferment nos ports ? Souvent l'ivresse produit des fureurs, des querelles, des meurtres, faut-il dépouiller nos côteaux des vignes qui les couronnent ? Réformons l'abus, sans retrancher l'usage ; ramenons l'Harmonie à la pureté de sa source, aux beautés de son printemps, à sa splendeur première. Proscrire la Musique, ce seroit enlever un lien charmant à la République politique, un ornement à la République littiéraire ; les cœurs y perdroient un sentiment délicieux, toute la Nature un plaisir.

Qu'elle règne donc toujours, cette aimable et noble Harmonie ; mais que son empire ne s'élève jamais sur les débris des mœurs ; affranchie de la mollesse Ionienne, et Minerve et Vénus à-la-fois, qu'elle n'aime jamais qu'une beauté mâle, que des traits altiers, que des grâces fières. Souveraine des cœurs, qu'elle ne les ouvre qu'aux généreux sentimens. Maîtresse des ames et des sens , qu'elle les élève toujours au-dessus des lâches foiblesses. Reine des passions , qu'elle ne les réveille qu'au profit de la vertu ; qu'elle soit à jamais l'interprête du grand, du beau , du vrai, la compagne du goût, l'ame de la société , les délices du monde.

FIN.

EXTRAIT

DU CATALOGUE

Des Livres qui se trouvent chez DUPONCET, *Libraire, quai de la Grève, N.° 34.*

N. B. Le franc de port est à la charge des Acquéreurs.

———

ABRÉGÉ de l'Histoire et des Antiquités Romaines, ou Loix, mœurs, coutumes et cérémonies des Romains, nouv. édit. augmentée de plusieurs détails intéressans qui avoient été omis dans les précédentes ; rédigée pour l'instruction de la jeunesse, et l'intelligence des auteurs classiques, *par un professeur de Belles-Lettres, in-12*, 1 fr. 80 c.

Abrégé de l'Histoire des Empereurs Romains, Grecs, et Allemands, depuis Jules-Cesar jusqu'à François II, empereur actuel ; ouvrage classique qui peut faire suite aux *Révolutions Romaines*, par M^r. de Vertot, par *Louis, in-12*, 2 fr. 50 c.

Agriculture-Pratique des différentes parties de l'Angleterre, par *Marshal*, 5 vol. *in-8.* et Atlas, *in-4.*   30 fr.

Art (l') de la Correspondance, renfermant 1.° les règles de l'art de la correspondance, lettres de commerce ; lettres sur divers sujets, troisième édition, *in-12*.   2 fr. 50 c.

Art (l') du Distillateur, contenant tous les procédés et toutes les opérations du distillateur liquoriste, limonadier et d'officier de bouche ; seconde édition, augmentée de l'art du brûleur de vin, du brasseur, du vinaigrier ; des recettes et

A

des procédés des liqueurs de table, connues sous le nom générique de *liqueurs des isles*, et de toutes les découvertes dont la moderne chimie vient d'enrichir l'art du distillateur, par *Dubuisson*, 2 vol. *in-8°*. 8 fr.

Boîte (la) à l'esprit, ou Bibliothèque générale des anecdotes et des bons mots, par *une Société de gens de Lettres*, 12 vol. *in-12*, fig. 18 fr.

Botaniste (le) Cultivateur, ou Description, culture et usage de la plus grande partie des plantes étrangères, naturalisées et indigènes, cultivées en France et en Angleterre, rangées suivant la méthode de Jussieu; par *Dumont-Courset*, 4 gros vol. *in-8*. 30 fr.

Choix de Métamorphoses, gravé d'après différens maîtres, par *Huet* l'aîné, avec la simple exposition de chaque sujet, deux cahiers *in-8*. oblongs. 5 fr.

Chronique (la) Scandaleuse, ou Mémoires pour servir à l'Histoire de la Génération présente, 5 vol. *in-12*. 7 fr. 50 c.

Conservateur (le) de la Santé des mères et des enfans, contenant 1°. la conduite que les femmes doivent tenir avant le mariage pour conserver leur santé; 2°. le régime et les précautions qu'elles doivent employer pendant et après leur grossesse; 5°. l'éducation qu'elles doivent donner à leurs enfans pour assurer leur santé, leur force et leur beauté, publié par *William Buchan*; faisant suite à la Médecine Domestique du même auteur; traduit de l'anglais par *Thomas Duverne de Praile*, revu et augmenté de notes par le docteur Mallet, *in-8°*. 4 fr. 50 c.

Contes de la Chaumière, ou Histoires morales

et amusantes à l'usage de la jeunesse , trad. de l'anglais par *Louis*, 2 vol. *in*-18 , 2 fr.

Contes des Fées, par Ch. *Perrault*, *in*-18 , 60 c.

Contes (les) Jaunes , ou le Livre de l'Enfance, propre à familiariser l'âge le plus tendre avec la lecture et les premières notions de la morale , par *Fréville* , *in*-18 , 75 c.

Correspondance de milady Cécile avec ses Enfans , ou Recueil de Lettres relatives aux jeux et aux études de la jeunesse , pour la former aux vertus morales , à la narration et au style épistolaire , par *Fréville* , seconde édition, 2 volumes *in*-12 , 4 fr. 50 c.

Coup-d'œil politique sur le Continent , *in*-8. 1800 , 3 fr.

Cuisinière (la) Bourgeoise , suivie de l'Office , nouvelle édition , *in*-12 , 1 fr. 50 c.

Idem , relié , 2 fr.

Dictionnaire abrégé de la Fable, par *Chompré*, petit *in*-12 , 2 fr.

Dictionnaire Géographique , traduit de l'anglais sur la treizième édition de Laurent Eschard, par *Vosgien* , nouvelle édition , avec la nouvelle division de la France , an XI , *in*-8 , 7 fr. 50 c.

Dictionnaire des Merveilles de la Nature , par *Sigaud de Lafond* , nouvelle édition , 3 volumes *in*-8 , 15 fr.

Dictionnaire universel des Synonimes de la langue française , publiés jusqu'à ce jour, par *Girard, Beauzée, Roubaud* et autres, 3 vol. *in*-12 , 8 fr.

Idem , relié. 10 fr.

Discours sur l'Histoire Universelle, par *Bossuet*, 1803, 2 vol. *in*-12.   5 fr.

Eloge des Perruques, enrichi de Notes plus amples que le texte, *in*-12.   2 fr. 50 c.

Entretiens (les) de l'autre Monde sur ce qui se passe en celui-ci, 1 vol. *in*-12.   2 fr. 25 c.

Epreuves (les) de la Constance, ou les Aventures de Rhodante et de Dosiclès, imitation du grec, *in*-18. fig. an IX.   60 c.

Fablier (le) des Enfans, choix de fables analogues aux goûts du premier âge, 2ᵉ. édition, *in*-12,   1 fr.

Flore (la) des environs de Paris, ou distribution méthodique des plantes qui y croissent naturellement, faite d'après le système de *Linné* : avec le nom et la description de chacune en latin et en français, l'indication de leur lieu natal, de leur durée, du temps de leur floraison, de la couleur de leurs fleurs, et la citation des auteurs qui les ont les mieux décrites ou en ont donné les meilleures figures; par J. L. *Thuillier*, nouvelle édition, *in*-8".   6 fr.

Flore des Jeunes Personnes, ou Lettres élémentaires sur la Botanique, écrites par une anglaise à son amie, et traduites de l'anglais par *Octave Ségur*, élève de l'école polytechnique, avec douze planches, gravées par *Sellier*, *in*-12.   3 fr. 60 c.

Flore Parisienne, ou Description des caractères de toutes les plantes qui croissent naturellement aux environs de Paris, distribuée suivant la méthode du Jardin des Plantes de cette ville, avec l'indication de leurs noms français, latin et vulgaire; de la couleur de leurs fleurs; de leur lieu natal et des époques de leur floraison, par *L. B. F****. *in*-18. 2 fr.

Grammaire nouvelle, espagnole et française, par F. *Sobrino*,, in-8. rel. 5 fr.

Guerre (la) des Dieux, poëme en dix chants, par *Evariste Parny*. Nouvelle édition complette, *in*-12, 2 fr.

Histoire abrégée des révolutions du Commerce, ou Précis historique et raisonné des changemens que le commerce a éprouvés à l'occasion des transmigrations, des conquêtes, des nouvelles découvertes et des révolutions politiques, depuis le commencement du monde jusqu'à nos jours, par A. M. *Chappus*, *in*-12, 2 fr.

Histoire de Marie - Antoinette de Lorraine, archiduchesse d'Autriche, reine de France, par *Montjoye*, *in*-8. fig. 7 fr.

Histoire du sage Danischmend, ou l'Egoïste philosophe de Wieland, 2 vol. *in*-12, 6 fig. 4 fr.

Histoire Naturelle de la Rose, où l'on décrit ses différentes espèces, sa culture, ses vertus et ses propriétés ; suivie de la Corbeille de Roses, ou choix de ce que les anciens et les modernes ont écrit de plus gracieux sur la Rose ; et de l'Histoire des Insectes qui vivent sur le rosier, par *Guillemeau jeune*, *in*-12, fig. 2 fr. 50 c.

Idylles ou Contes Champêtres, par Mme *Petigny* née *Levesque*, seconde édition, 2 vol. *in*-18, 2 fr. 50 c.

Isaure et Dorigny, ou la Religieuse d'Alençon, *histoire véritable*, par Mme L. V. auteur de *Betzy ou l'Infortunée Créole*, 2 vol. *in*-12, avec figures, 3 fr. 60 c.

Lerixa, chef de voleurs , victime de l'ambition paternelle, 2 vol. *in*-12 ,   3 fr.

Le Livre du premier Age , par *Augustin Legrand* , *in*-12 , fig.   1 fr.

Magasin des Enfans , par Mme *le Prince de Beaumont*, 4 vol. *in*-18 , fig.   3 fr.

Manuel des Classes , ou Introduction aux Sciences et aux Arts , trad. de l'anglais de *Turner* , sur la 8e édition, *in*-12 ,   1 fr. 50 c.

Manuel des Sorciers, ou l'Arithmétique amusante , ouvrage dans le genre de la Magie Blanche dévoilée , nouvelle édition, *in*-12 ,   1 fr. 50 c.

Manuel d'Hippiatrique , contenant , 1. une instruction sur la manière d'élever, de soigner et de connoître les chevaux, 2. deux tableaux indicatifs des différentes morves ; 3. une description de toutes leurs maladies, avec une formule de médicamens, 4. un cathéchisme pour tous les maréchaux , à l'usage des officiers de cavalerie , possesseurs , amateurs de chevaux , et sur-tout des maréchaux de régimens, troisième édition , revue et augmentée et mise dans un nouvel ordre par *Lafosse* , hippiatre, membre-associé de l'Institut national, membre de la société de Médecine, ci-devant inspecteur-général des remontes de la cavalerie, etc. avec tableaux ,   3 fr.

Manuel du jeune Musicien , ou élémens théoriques-pratiques de Musique, par P. *Marcou*, ancien ordinaire de la musique du roi Louis XVI, précédés d'un Précis historique sur la musique en général et suivis du Discours sur l'Harmonie, par Gresset, *in*-12 , cartonné,   2 fr. 40 c.

Maréchal (le) de poche , qui apprend la manière de traiter un cheval en voyage, et quels sont les accidens ordinaires qui peuvent lui arriver en route , traduit de l'anglais, 2 vol. *in*-18. fig.   2 fr. 25 c.

Idem, relié,   3 fr.

Médecin (le) Herboriste , suivi de quatre petits Traités sur le cassis, le sureau, la sauge et la véronique, *in*-8 ,   5 fr.

Mémorial , ou Journal historique, impartial et anecdotique de la Révolution de France, contenant une série exacte des faits principaux qui ont amené et prolongé cette révolution, depuis 1786 jusqu'à la décision du consulat à vie , dans lequel la chronologie a été scrupuleusement observée , et où l'on voit quantité de rapprochemens curieux , d'anecdotes historiques , nationales et satyriques , la plupart inédites ; par P. C. *Lecomte* , 3 vol. petit *in*-12 de près de 1200 pages ,   5 fr.

Le Tome troisième du même ouvrage se vend séparément ,   1 fr. 80 c.

« Cet Ouvrage , qui répond parfaitement à son ti-
« tre , a le mérite d'être écrit avec une rapidité qui
« permet de le lire de suite. Le genre chronologique ,
« adopté par l'Auteur , est assaisonné d'épisodes et
« d'anecdotes qui entraînent le Lecteur d'un volume à
« l'autre sans y penser.

« Le choc des passions , les forfaits des révolution-
« naires , la confusion des pouvoirs , pendant ce long
« et terrible orage , y sont tracés avec énergie. Les
« crimes , les vertus , les exploits des hommes de la
« Révolution y trouvent aussi leur place. C'est *l'in*
« *tenuitate copia* que l'on désire souvent , et qu'on ne
« rencontre pas toujours. »

                        (*Extrait des Journaux.*)

Méthode de Maupin , sur la manière de cultiver la Vigne et l'art de faire le Vin , nouv. édit. *in*-8. fig.   3 fr. 60 c.

Méthode simple et facile pour lever les Plans, suivie d'un Traité du Nivellement, et d'un Abrégé des Règles du Lavis, par *F. Lecoy*, géographe, *in*-8. orné de onze planches, dont neuf enluminées avec le plus grand soin ; prem. édition. 3 fr. 75 c.

Ministre (le) de Wakefield, traduit de l'anglais de Goldsmith ; par *Ymbert fils*, 2 vol. *in*-12, 4 fr. 50 c.

Mois (les), poëme en douze chants, par *Roucher*, 4 vol. petit-*in*-12, 7 fr. 50 c.

Morale (la) de l'Enfance, ou Collection de quatrains moraux, mis à la portée des enfans, par *Morel* (*Vindé*) *in*-16, 1 fr.

Morale (la) en action, ou Elite de faits mémorables et d'anecdotes instructives, *in*-12, 2 f. 50 c.

Mort (la) d'Abel, poëme, traduit de Gessner ; par *Hubert*, petit *in*-12, rel. 1 fr. 80 c.

Nouveaux Contes des Fées, *in*-18. 60 c.

Nouveau Dictionnaire universel de la Langue Française, avec le latin, et Manuel d'orthographe et de néologie, extrait comparatif des Dictionnaires publiés jusqu'à ce jour, ouvrage classique, pouvant tenir lieu, pour l'usage habituel, de tous les Dictionnaires, par P. C. V. *Boiste*, seconde édition, 2 vol. *in*-8. oblong. 15 fr.

Le même, *in*-4. 21 fr.

Nouveau Vocabulaire français, ou l'on a suivi l'orthographe du Dictionnaire de l'Académie par MM. *de Wailly*, seconde édition, *in*-8. 7 fr.

OEuvres complettes de Gilbert, seconde édition, 2 vol. *in*-18, papier fin, 5 fr.

OEuvres de Boileau Despréaux , petit *in*-12 , rel. 2 fr.

OEuvres de Colardeau de l'Académie française, 4 vol. *in*-18. 4 fr.

OEuvres (chefs-d') du même, 2 vol. *in*-18, 2. fr. 25 c.

OEuvres de Stanislas Bouflers, seule édition avouée et corrigée par l'Auteur, où se trouve un grand nombre de pièces inédites, *in*-8. portrait. 5 fr.

Pensées extraites des Satyres de Juvénal, traduites par P. N. G. nouvelle édition, augmentée des Pensées de Perse, avec le portrait de Juvénal, gravé au trait d'après l'antique, *in*-12, papier vélin, 1 fr. 50 c.

« Ces Pensées sont autant de cloux d'airain qui s'en
« foncent dans l'âme. »
(*Extrait de la Décade Philosophique.*)

Phytologie Universelle, ou Histoire Naturelle et Méthodique des Plantes, de leurs vertus et de leur culture, par N. *Jolyclerc*, 5 vol. *in*-8. 21 f.

Le même ouvrage orné de 667 plantes choisies et usuelles, arbres et arbustes, dessinés par Garsault et Ingouf, et gravés par Martinet, Ingouf, le Charpentier et Prevost, 92 fr.

Idem , cartonné, en 8 vol. 100 fr.

Portrait de Frédéric le Grand, tiré des Anecdotes les plus intéressantes et les plus certaines de sa vie militaire, philosophique et privée, par *Bourdais*, seconde édition , *in*-12. 1 fr. 50 c.

Précis de l'Hisstoire Universelle, par *Anquetil*, seconde édition. an X , 12 vol. *in*-12. 50 fr.

Recueil des Fables d'Esope et autres Mythologistes ; les mêmes mises en vers par Lafontaine, ornées de gravures, par Augustin Legrand, *in-4.* cartonné, 6 fr. 50 c.

Recueil de Proverbes francais, latins, espagnols, italiens, allemands, hollandais, juifs, américains, russes, turcs, etc. par *d'Humières*, *in-8.* 1 fr.

Règle du Jeu de Billard pour la poule à deux billes, 1 feuille grand-raisin, 1 fr.

Religion (la), poëme, suivi du Poëme de la Grace, par *Racine* fils, petit *in-12*, 2 fr.

Salvador, ou le Baron de Montbelliard, trad. de l'anglais, 2 vol. *in-12*, 3 fr.

Scelta di Novelle Morali di Francesco Soave ; edizione accuratissima, *in-12*, 2 fr.

Théorie de la Terre, par *de la Métherie*, 3 vol. *in-8.* fig. 15 fr.

Traité complet de l'Opération Césarienne, par *Antoine Planchon*, *in-8*, 2 fr.

Traité de la composition du Vernis en général, *in-12*, 1 fr. 20 c.

Traité de la formation mécanique des Langues, et des principes physiques de l'Etymologie, par le présid. *Desbrosses*, nouv. éd. 2 vol. *in-12*, fig. 9 fr.

Traité des Maladies Vénériennes, traduit du latin de Astruc, par M. *Louis*, 4 gros volumes *in-12*, 5 fr.

Idem, relié. 8 fr.

Traité élémentaire de Mécanique, par L. B. *Francœur*, professeur aux écoles centrales de Paris, etc. troisième édition, *in-8.* 7 fr.

Traité, ou Manuel vétérinaire des Plantes, qui peuvent servir de nourriture et de médicamens aux animaux domestiques, tels que les chevaux, les vaches, les chèvres, les brebis, les cochons, etc., seconde édition, *in*-8.   5 fr.

Traité théorique et pratique des Ulcères, par *Bell*, traduit sur la septième édition anglaise, par *Bosquillon*, *in*-8.   5 fr.

Vie des Enfans célèbres, ou Modèles des jeunes Gens, suivis des plus beaux traits de piété filiale ; par *Fréville*, deuxième édit., 2 vol. *in*-12. fig. 5 fr.

Tropes (des), ou des différens sens dans lesquels on peut prendre un même mot dans une même langue, ouvrage utile pour l'intelligence des auteurs, et qui peut servir d'introduction à la réthorique et à la logique, par *Dumarsais*, cinquième édition, revue, corrigée et augmentée par l'abbé *Sicard*, *in*-12,   2 fr. 50 c.

Vieux (le) Tilleul, ou Encyclopédie morale, composée d'historiettes à l'usage des enfans, trad. de l'allemand de *Campe*, *in*-18,   1 fr.

Voyage dans la Grèce Asiatique, à la Péninsule de Cyzique, à Brusse et à Nicée, avec des détails sur l'histoire naturelle de ces contrées, trad. de l'italien de *Sestini*, *in*-8.   3 fr.

Zéir et Zulica, histoire indien. 2 vol. *in*-12, 3 fr.

Sous Presse, chez le même Libraire.

De la Mélancolie prise en elle-même, de ses rapports avec la société, l'amour et la religion, des causes qui la produisent , de ses effets et des moyens de s'en préserver et de la guérir par le secours de la morale et de la philosophie , et des exemples tirés des auteurs anciens; ouvrage extrait du célèbre *Burton* , trad. de l'anglais , *in-8*.

N. B. *On trouve chez le même Libraire, un assortiment de bons Livres de Sciences , Littérature et Histoire , et tous les Livres Classiques adoptés par le Gouvernement.*

De l'Imprimerie de P. N. ROUGERON , rue du Foin-Saint-Jacques , Collége-Gervais , n°. 265.